买股票，应该要明白什么，应该要看什么

看懂
股市涨跌的密码

KANDONG GUSHI ZHANGDIE DE MIMA

胡鸣浩　著

成交量，是王者指标，是市场交易的结果
成交量的大小，代表了市场分歧的大小，是引发转折和变化的根源
要学习股票知识，必须熟练掌握成交量知识

经济管理出版社
ECONOMY & MANAGEMENT PUBLISHING HOUSE

图书在版编目（CIP）数据

看懂股市涨跌的密码/胡鸣浩著. —北京：经济管理出版社，2019.5
ISBN 978 - 7 - 5096 - 6496 - 4

Ⅰ.①看…　Ⅱ.①胡…　Ⅲ.①股票投资—基本知识　Ⅳ.①F830.91

中国版本图书馆 CIP 数据核字（2019）第 058281 号

组稿编辑：杨国强
责任编辑：杨国强
责任印制：黄章平
责任校对：王淑卿

出版发行：经济管理出版社
　　　　　（北京市海淀区北蜂窝 8 号中雅大厦 A 座 11 层　100038）
网　　址：www. E - mp. com. cn
电　　话：（010）51915602
印　　刷：三河市延风印装有限公司
经　　销：新华书店
开　　本：720mm×1000mm/16
印　　张：9.75
字　　数：137 千字
版　　次：2019 年 5 月第 1 版　　2019 年 5 月第 1 次印刷
书　　号：ISBN 978 - 7 - 5096 - 6496 - 4
定　　价：48.00 元

前　言

笔者纯粹是一个小散。在股市中，摸爬滚打近 20 年。看过一些书，学过一些知识。通过实践，慢慢地，自己创造出一些理论。应用这些理论，能够快速地预判股票的涨跌。

这些理论主要有：量价动力学、狼牙量、筹码运动理论。

笔者又在这些自创理论的基础上，补充了一些已有的股票知识，构成本书的章节结构，以使一些初学者能够看懂。

股市，是一个战场。小散在这个战场中，是无法左右战局的。只有成为老兵，才能在这个战场中活下来。

要想成为老兵，首先是保持谨慎，一切都要谨慎；其次是细心观察，观察多空力量的变化。

股票价格的运动变化是有规律的。这种规律，受到资金推动的作用，而且，它就像水势一样。水往低处流，股票的运动方向，总是往最容易突破的方向走。这一点，读者必须牢记。本书的理论基础，也来源于此。

我们需要做的，就是冷静地去判断多空的力量，以及这个力量给股票价格带来的改变。

这种多空力量，时刻都存在。

时刻保持警惕，因为这种多空力量，有时候会突然发生改变。这种突然的变化，会打乱原来的设想。我们需要保持冷静，去重新评估、判断多空力量。

量价动力学、狼牙量、筹码运动理论都揭示了多空转化的奥秘。

笔者最擅长的是对大势的预判。笔者曾经在三轮的牛熊中，精准地预测指数的最低日期和最高日期。这种方法，包括左侧交易和右侧交易。如同窗户纸一般，这些知识捅破了其实也没那么神秘。我们所要做的，仅仅是掌握方法和多加练习。

对大趋势的判断，加上对个股的技术分析，构成了笔者的理论系统，也就是本书的章节内容。

学会这些知识并融会贯通，在这个市场中是可以保持稳定盈利的。

成交量是王者指标，是市场交易的结果。成交量的大小代表了市场分歧的大小，是引发转折和变化的根源。

要学习股票知识，必须熟练掌握成交量知识。现在，让我们通过第一章的内容，来学习成交量。

目　录

第一章　量

量，指成交量。在股市中，成交量指当天某只股票或指数的成交总手数（1手 = 100 股）。

成交量是一个时间段内，买方和卖方达成交易的结果体现。

当日成交量，在日 K 线图中，形成一根柱状图。股票当日的收盘价高于开盘价时，成交量是红色柱状图。股票当日的收盘价低于开盘价时，成交量是绿色柱状图。

在股票软件界面中，一般分为三个部分：上面的部分是 K 线图；中间的部分是成交量；下面的部分是指标图。

成交量的英文缩写是 VOL。

在通达信软件中，我们常常用 VOL – TDX 替代 VOL。

VOL – TDX 具有虚拟成交量的功能，能够根据目前已有的成交量，来预估全天的成交量。

当然，在实际应用中，上午的成交量，总是比下午更大。所以，预估的成交量，总是被放大的。

成交量图一般还有两根均线，称为量均线。笔者喜欢把量均线设置为 5 天和 60 天。

图 1　上证指数日线图

成交量，是市场意愿的体现。

成交量低，说明交易意愿低以及市场对价格趋势的认同。

成交量高，说明交易意愿高以及市场对价格趋势的分歧。

这点非常重要。所以成交量放大，是市场分歧放大的体现。分歧越大，股票后期走势发生变化的可能性也就越大。产生分歧，也就会产生转折点。

理解市场分歧的意义，非常重要。这个分歧，是引发走势趋势变化的根源。

事实上，对成交量的理解，不仅可以用于股市，也可以用于其他有交易行为的商品市场。

第一节　量价的六种关系

在股市中，初学者都知道，量价有六种关系。这是进入股市，必须熟记的基础知识。

本书中量价的六种关系，是对前人的经验总结，简单易学。但是，有些笼统。这里面，还有一些细节的奥妙无法表达。

一、量增价升

量增价升，即成交量在增加，价格也在上涨。

（一）市场心理

这种情况，多见于市场低迷后的恢复期。市场低迷时，成交量是极度萎缩的。买的人不愿意买，卖的人想卖，但苦于没有买主，无法成交。

等到市场恢复，愿意购买的人逐渐增加时，市场的成交量增加。如果愿意购买的人，无法在原有的价格买到足够的量，就会愿意持续加价购买。这样就形成量增价升的趋势。

（二）后市走势

量增价升，股票往往会延续上涨。当出现量增价升时，应买入股票。

（三）趋势打破

如果形成量增价升，市场的上涨趋势也就形成了。一直到成交量无法再增加或突然放巨量的时候，这个趋势结束。

阶段K线图的量增价升。例如，从2014年下半年开始，上证指数开始一段量增价升的走势。此后，开启了一波牛市。

分时图的量增价升。分时图的成交量和价格，也可以适用量价规律。例如，2018年11月28日东方明珠（600637）的分时图，符合量增价升。

看懂股市涨跌的密码

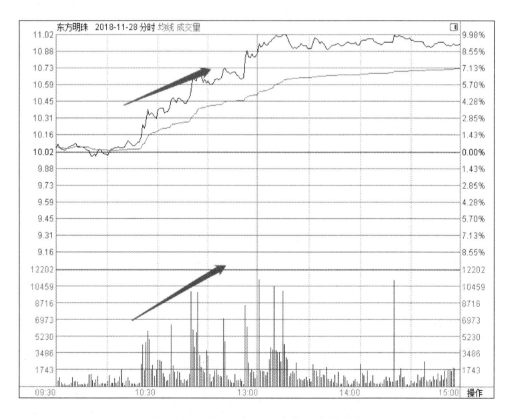

图2　上证指数于2014年下半年开始上涨

图3　2018年11月28日东方明珠分时图

二、量增价跌

量增价跌，即成交量还在增加，但价格却开始下跌。这种情况见于市场价格上涨的末期。

这里我们就要提到市场分歧。

成交量，就是市场分歧的表现。成交量越大，分歧越大。

(一) 市场心理

量增价升的时候，就是愿意购买的人，和愿意卖出的人，对价格的定位产生分歧。所以，买者愿买，卖者愿卖。分歧的人越多，成交量越大。

那么，价格上涨后，持有股票的人认为不会再上涨了，愿意卖。未持有股票的人认为还会上涨，愿意买。这也是市场分歧。这时候，就会产生价格高位时，成交量突然放大的情况。当卖出者，不看好后市，愿意逐渐降低价格卖出的时候，量增价跌，就产生了。

(二) 后市走势

量增价跌，股票价格还会继续下降。当出现量增价跌时，应卖出股票。

(三) 趋势打破

量增价跌，即量的趋势和价格相反，是背离的一种。背离，也就是一个趋势的转折点。所以，量增价跌会造成价格的持续下跌，它本身就是一个转折点。

阶段K线图的量增价跌。例如，2018年7月通化东宝（600867）出现了一段量增价跌的情况。

单日K线图的量增价跌。单日的量增价跌，往往是凶猛的跌势。后市也常常继续下跌。

图4　2018年7月通化东宝K线图

例如，2018年10月11日岳阳林纸（600963）的下跌。

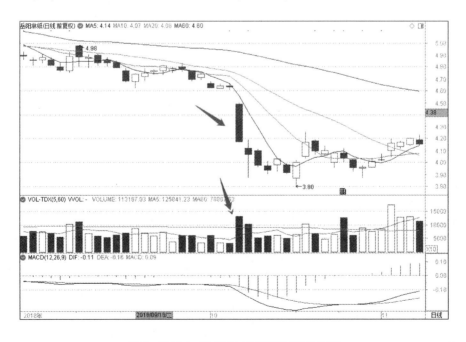

图5　2018年10月11日岳阳林纸K线图

分时图的量增价跌，也是同样的道理。往往预示着还要继续下跌。

例如，2018 年 12 月 14 日九州通（600998）分时图。

图 6 2018 年 12 月 14 日九州通分时图

三、量减价升

量减价升，即成交量在减少，价格却在上升。多见于利好突发的情况，以及一波上升阶段的中后期。

（一）市场心理

利好突发时，股票常常突然快速上涨，甚至突然涨停。这时候成交量是很少的，价格却快速上涨。

量减价升，也是量的趋势和价格相反，同样是背离的一种。

（二）后市走势

一波上涨的中后期阶段，阶段的成交量在减少，价格却还在上涨，这是持续上涨的标志。这种持续上涨，在MACD上会体现出两点：钝化、背离。

当钝化出现的时候，应该持股，继续等待。

当背离出现的时候，应该寻找卖出的点位。

（三）趋势打破

量减价升，价格会持续上涨。一直到成交量开始扩大，这个趋势结束。

当出现量减价升时，应当买入股票。

持续缩量后，到了某一时期，成交量开始扩大，就是这个上升趋势将要结束的标志。这个时候，再选择卖出股票。

阶段K线图的量减价升，在2007年6月以前，上证指数是处于阶段量增价

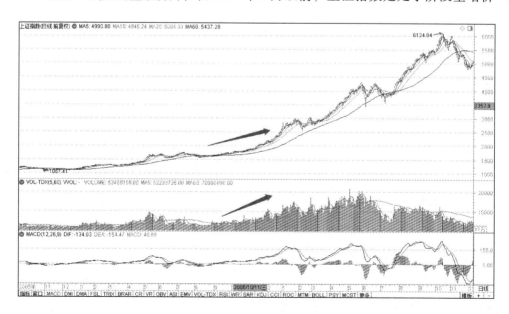

图7 2007年上证指数量增价升

升；6 月以后，却出现了量减价升的情况。

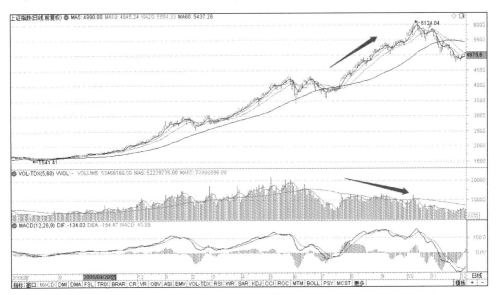

图8 2007 年上证指数量减价升

这一阶段，也就是钝化和背离的产生。

到 2007 年 10 月 12 日，突然产生了单日放量。这一天，产生了历史高点。

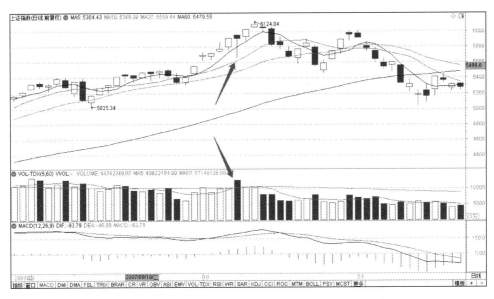

图9 2007 年上证指数历史高点

单日 K 线图的量减价升。例如，2017 年 12 月 20 日新和成（002001）的量减价升，在第二天延续更大的上涨。

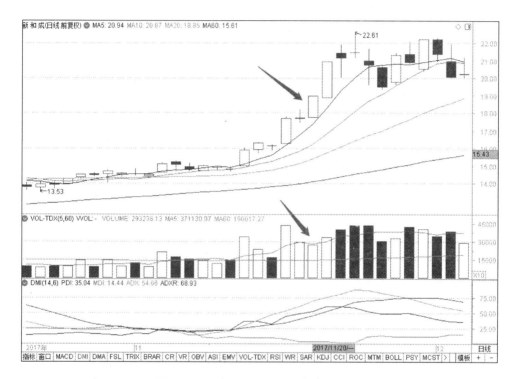

图 10　2017 年 12 月 20 日新和成 K 线图

猛烈的量减价升，往往是一字板的涨停方式。一直到开始放量的时候，这个趋势被打破。

例如，2018 年 11 月华控赛格（000068）的上涨。

在起始阶段，以一字板的方式上涨，一直到成交量放大。成交量越大，分歧越大，趋势变化的可能性也越大。

四、量减价跌

量减价跌，即成交量在减少，价格也在下跌。多见于股票价格已经经过高点，开始转跌的中期。

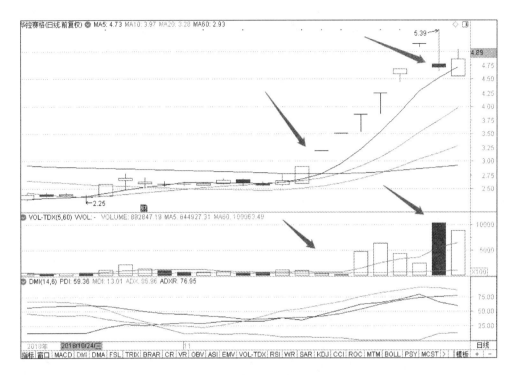

图 11 2018 年 11 月华控赛格 K 线图

（一）市场心理

这个阶段，是市场对下跌走势的认同。

（二）后市走势

量减价跌，股票价格将会持续下跌，一直到市场开始产生分歧，成交量再次放大为止。

这个阶段，成交量会逐步减少，价格会持续下跌。当出现量减价跌时，应该卖出股票，空仓等待。

（三）趋势打破

同样，这个阶段的趋势，会有量增价升或量减价升的趋势出现，来打破它原有的运动规律。

阶段 K 线图的量减价跌。在熊市中，量减价跌就是漫漫熊途，是最难熬的阶段。例如，2015 年 6 月以后上证指数是明显的量减价跌。

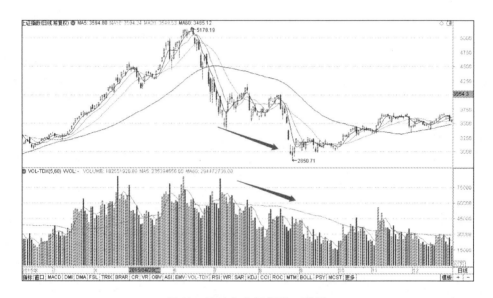

图 12　2015 年上证指数 K 线图

单日 K 线图的量减价跌，往往体现的是一字板形式的下跌，也是最凶猛无奈的下跌。

例如，2018 年 12 月上海莱士（002252）的下跌。

五、量增价平

量增价平，即成交量在放大，价格却保持不动。

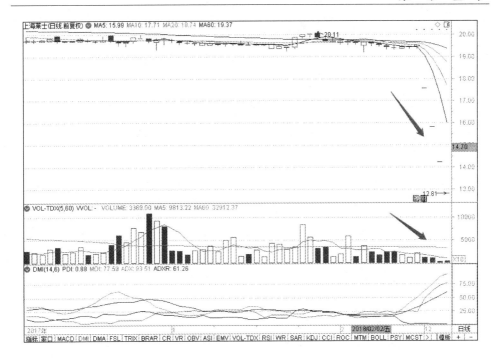

图 13　2018 年 12 月上海莱士 K 线图

（一）市场心理

无论股票的价格是处于上升阶段还是下降阶段，如果出现量增价平，都需要保持警惕，可能是一个趋势的转折点到了，这是市场对价格未来走势的不看好。

（二）后市走势

这时候，有可能会出现价格的转折点。当出现量增价平，应该考虑选择买入或卖出位置。

（三）趋势打破

量增价平，本身就是一个转折点。

单日 K 线图的量增价平，往往是一个放量十字星的 K 线，也常见射击之星的形态。例如，2018 年 12 月 5 日万通智控的 K 线图。

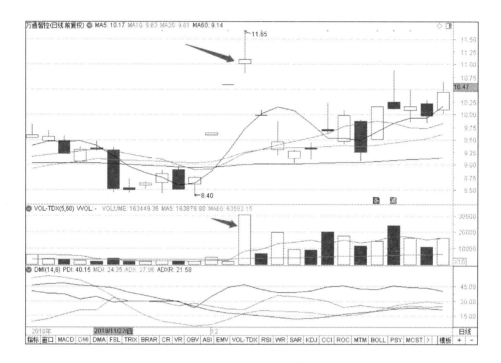

图 14　2018 年 12 月 5 日万通智控 K 线图

六、量减价平

量减价平，即成交量在减少，价格却保持不动。

（一）市场心理

量减价平，体现了市场观望的心理。市场是认可价格波动的，而且没有分歧。

（二）后市走势

无论股票的价格是处于上升阶段还是下降阶段，如出现量减价平，则无须忧虑。量减价平，是一种趋势的体现。当出现量减价平时，只需要继续持股即可。

（三）趋势打破

量减价平，会被放量打破趋势。

单日 K 线图的量减价平。例如，2018 年 12 月 13 日光大嘉宝（600622）的 K 线图，就产生一个缩量的十字星。

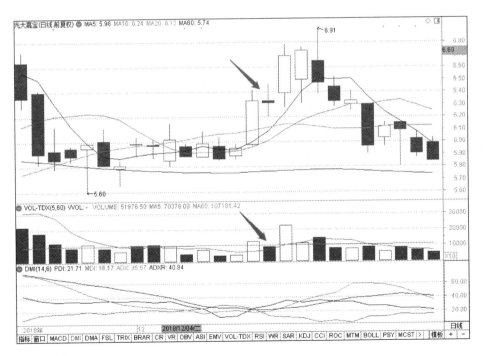

图15　2018 年 12 月 13 日光大嘉宝 K 线图

为了方便记忆，我们以表格的形式把量价的六种关系做一个汇总。

通过汇总，量价的六种关系、趋势被打破的条件、应该进行的操作，一目了然。

表1　量价关系

量	价	趋势	操作	打破
量增	价升	上涨	买入	缩量或巨量
量增	价跌	下跌或转折	卖出	—
量增	价平	转折	观察	—
量减	价升	上涨或转折	买入	放量
量减	价跌	下跌	卖出	放量
量减	价平	持续	持有	放量

第二节　量价动力学理论

量价动力学理论，是笔者自创的一种理论。它把成交量看作力学的推动力。把价格看作这个推动力所推动的距离。这样，能够很清楚地预判K线第二天的走势。

在物理学中，能量既不会凭空产生，也不会凭空消失，只能从一个物体传递给另一个物体，而且能量的形式也可以互相转换。

在股市中，也是如此。股票运动的能量来自资金的力量。运动方向的变化源于多空力量的变化。

量价动力学，以牛顿第一运动定律的观点来解释量价的六种关系，将成交量与价格之间的关系解释为力与力的作用，浅显易懂地解释了成交量的变化对商品价格的影响。该理论适用于一切市场中商品的价格趋势判断。

牛顿第一运动定律：一切物体在没有受到力的作用时，总保持匀速直线运动状态或静止状态，除非作用在它上面的力迫使它改变这种运动状态。

量价动力学将成交量与价格之间的关系解释为力与力的作用。成交量是作用力，价格是力推动的距离，同时考虑阻力的作用。

根据量价动力学的解释，放巨量的长阳，很糟糕，阻力巨大。因为，它使用了巨大的力量，才推动了较长的距离。巨量长阳，将导致价格回调。

而先放量后缩量的上涨，是很好的，说明有惜售现象。在量价动力学中，解释为力量推动以后，无须其他力量，只靠惯性就可以上涨，那么上涨将很容易得到持续。

放量下跌，是猛烈的下跌，在任何时候都应该回避。这说明，下跌的力量特别巨大。那么，我们应该回避下跌。

放量滞涨，将导致中继或回调。因为使用了巨大的力量，还推不动距离。说明阻力太大无法推动。

无量或缩量的长阳，是最好的。容易导致价格快速上涨。因为使用了很小的力量，就可以推动很长的距离，说明很容易推动，价格将继续上涨。

无量或缩量的长阴，最糟糕，导致价格快速下跌。因为，使用了很小的力量，就可以造成下跌。这种情况，应该马上回避。

无量或缩量的连续小阴，价格将持续下跌。一直到另一个作用力的出现而产生转折点，这就是惯性下跌的作用。在没有另外一个力量改变它之前，它将持续地惯性下跌。

以此为基础，将量价六种关系，重新解释如下。

第一种，量增价升，等同于放量上涨。即用很大的力量，能够推动价格走很长的距离。这种表现很好，但是还不够好。

说明市场分歧大，还是存在阻力。

一旦减量，将很难继续上升。

预判后续的走势是上涨。

例如，2018 年 9 月山东路桥（000498）的 K 线图。放量上涨，遇到放量滞涨后，开始进入缩量下跌。

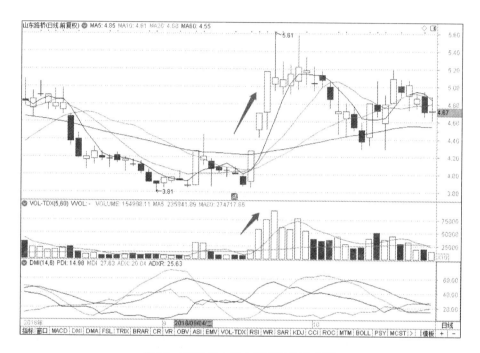

图 16　2018 年 9 月山东路桥放量上涨

例如，2015 年 9 月 22 日海欣食品（002702）出现放量上涨。单日换手率达到 82.97%。这是市场对下跌状态的巨大分歧，因而产生转折。

第二种，量增价跌，等同于放量下跌。即用很大的力量下跌。

放量下跌，却是有区分的。要看是先放量，还是后放量。

先放量下跌，然后开始缩量。这种情况，下跌会延续。

先缩量下跌，然后开始放量，这种情况，却是下跌后的转折点。

这种常见于当日暴跌后的细分，可以预见到第二天的价格走势。

预判后续的走势是下跌或转折。

例如，2018 年 10 月瑞丰高材（300243）的放量下跌。

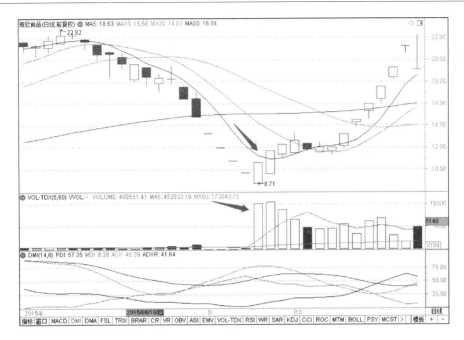

图17　2015 年 9 月 22 日海欣食品 K 线图

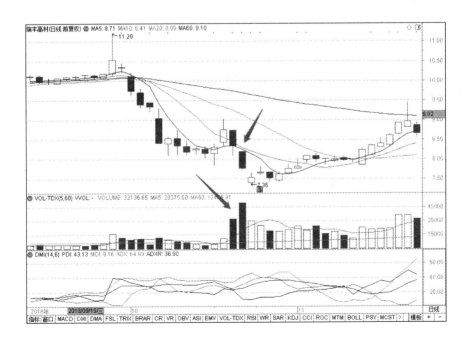

图18　2018 年 10 月瑞丰高材 K 线图

第三种，量增价平，等同于放量不动。即用很大的力量，还是推不动。市场分歧巨大。

这时候，是一个趋势的转折点。

预判后续的走势是转折。

例如，2018 年 12 月 14 日山西路桥（000755）的放量不动，可以预测第二天是下跌。

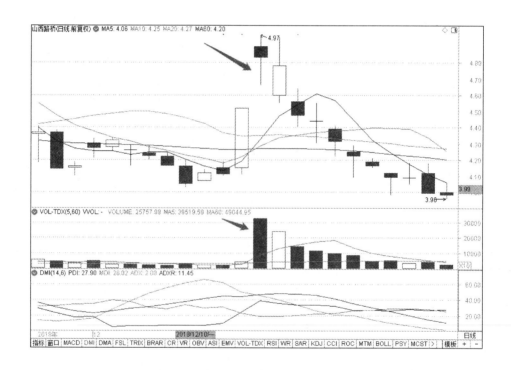

图 19　2018 年 12 月 14 日山西路桥 K 线图

第四种，量减价升，等同于缩量上涨。即用很小的力量，能够推动价格走很长的距离。这种表现，是最好的。

说明市场无分歧，上涨无阻力。

一旦出现放量，将出现转折点。

预判后续的走势是上涨。

例如，2018 年 12 月 13 日山西路桥（000755）的缩量上涨，第二天延续上涨。

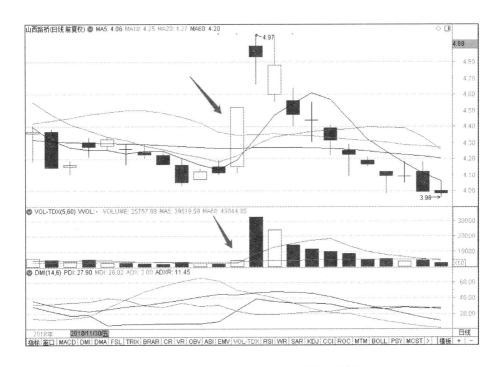

图 20 2018 年 12 月 13 日山西路桥 K 线图

第五种，量减价跌，等同于缩量下跌。即用很小的力量，就可以造成下跌。那么，会产生持续的下跌。

预判后续的走势是下跌。

例如，2018 年 10 月康美药业（600518）的缩量下跌，一直到放量止跌。

第六种，量减价平，等同于缩量不动。既没有力量，也没有变化。这种情况，就是一个趋势的延续。

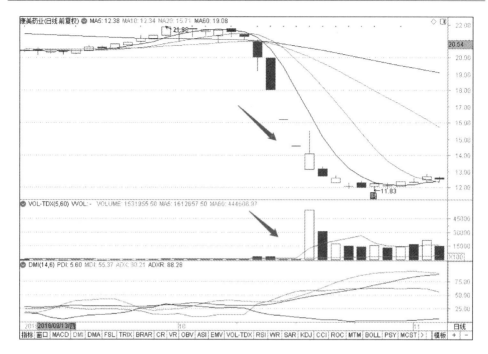

图21　2018 年 10 月康美药业 K 线图

预判后续的走势是持续。

例如，2018 年 8 月海量数据（603138）一个阶段的缩量横盘。

通过量价动力学的解释，形成表 2 关系。

表 2　量价动力学关系

量价	趋势	操作	打破
放量上涨	上涨	买入	缩量或巨量
放量下跌	下跌或转折	卖出	—
放量不动	转折	观察	—
缩量上涨	上涨或转折	买入	放量
缩量下跌	下跌	卖出	放量
缩量不动	持续	持有	放量

图22 2018 年 8 月海量数据 K 线图

第三节 狼牙量应用

狼牙量理论，是笔者自创的一种理论。用于判断一只股票的起始阶段能不能购买。

狼牙量，需要看的是阶段量。

成交量，是市场意愿的体现。在市场低迷的时候，持有股票的人，卖不出股票，没有人接盘。只有出现购买意愿后，市场成交量才会开始放大。

也就是说，市场低迷的时候，主动购买的意愿是市场成交量产生的主导力量。

那么，在市场接近顶部狂欢的时候，卖家是惜售的，买家持币追买。这时候，主动卖出的意愿，才是市场成交量产生的主导力量。

狼牙量理论，主要应用在这两个转折点。

市场顶部阶段，我们用更为准确的筹码运动理论来判断。所以，这里不再讨论狼牙量在顶部阶段的应用，只讨论狼牙量在市场底部阶段的应用。

在市场接近底部的时候，成交量低迷，股价逐步走平。

这时候，如果个股持续出现上涨放量、下跌缩量的形态。即在 K 线图上表现出：红色的成交量长、绿色的成交量短。如此交替，且股价基本横盘不动。这就是大资金吸筹进入的标志。

"一张一弛，文武之道也"。大资金吸筹，都是比较隐蔽、慢速的。

如果股票在底部红长绿短，快速拉升。一般是游资所为。

一般情况下，这个红长绿短，能够持续半个月到一个月的时间。发现这样的股票，再配合本书后面章节的筹码观察，就可以确定买入的时机。

红长绿短，其表现就是：主动购买—修整让价格回跌—主动购买—修整让价格回跌，其用意就是维持目前的价格区间，以便吸取更多的筹码。这种形态，就是狼牙量的标准形态。

个股阶段狼牙量应用。例如，2018 年 10 月仙琚制药（002332）出现狼牙量的特征。

例如，2018 年 11 月宇通客车（000066）出现低位狼牙量特征。

出现狼牙量特征的股票，一般都会开启一段上涨。那么，出现与狼牙量相反的形态时，就应该警惕了。

这种形态，笔者把它称为反狼牙量。

反狼牙量的出现，一般是一种阶段顶部的标志。

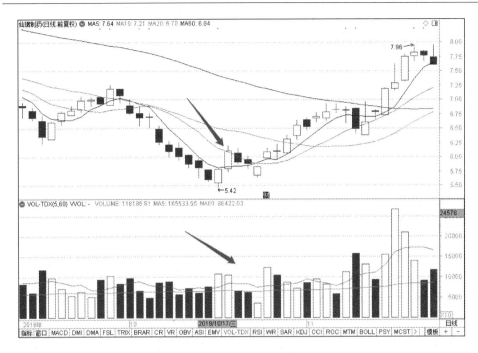

图 23　2018 年 10 月仙琚制药 K 线图

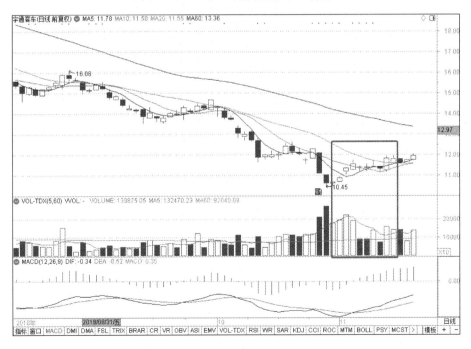

图 24　2018 年 11 月宇通客车 K 线图

第四节 放量与缩量的判断应用

成交量的六种关系，有三种放量，三种缩量。再合并同类项，也就是放量和缩量的变化。

笔者根据以上的规律，总结了三句话，分别是：

（1）放量分先后；

（2）缩量惯性走；

（3）变化找极点。

放量，是有分歧。有分歧，就会有变化。在K线图中，这个变化的区间比较长，很容易判断，只需要根据是否放量判断即可。

但是，在分时图中，短期的变化，往往会在一天内完成，影响到第二天的走势。所以，在分时图中，需要区分放量的先后顺序和变化方向。

放量就是分歧。放量在前，分歧已经结束，后面的走势就是按趋势。放量在后，是趋势在前，分歧在后，后面的走势就是变化了。

缩量，就是没有分歧，没有变化。缩量上涨，就是涨。缩量下跌，就是跌。缩量平，就是持有。所以，缩量是很好判断的。

第三点（变化找极点）属于趋势的变化。我们将在第二章中表述。

分时图的上涨先放量。例如，2018年12月14日今创集团（603680）的分时图。

分时图的上涨后放量。例如，2018年7月18日南京化纤（600889）属于上涨后放量。分时图最高位置的一根量线，显示分歧巨大。

图 25　2018 年 12 月 14 日今创集团分时图

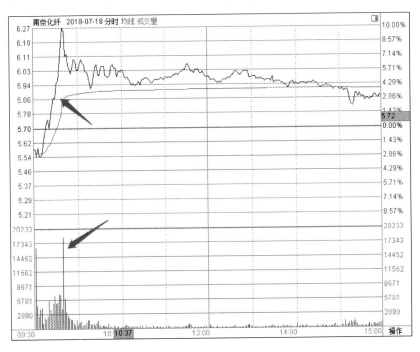

图 26　2018 年 7 月 18 日南京化纤分时图

分时图的下跌先放量。如果个股下跌先放量，且后续无量支撑，会很容易出现跌停的情况。例如，2018 年 12 月 14 日天坛生物（600161）属于下跌先放量。

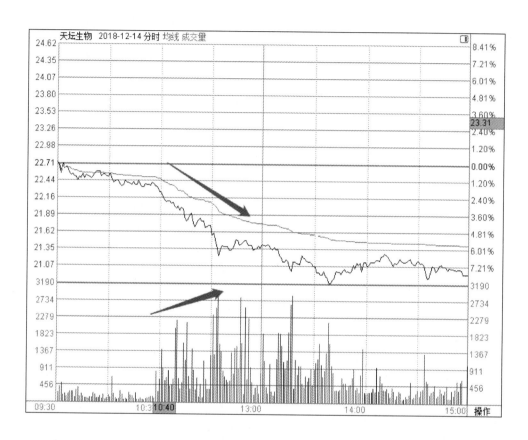

图 27　2018 年 12 月 14 日天坛生物分时图

分时图的下跌后放量。例如，2015 年 6 月 4 日航发动力的下跌后放量，其实就是一个转折点。

放量在前，分歧在前；放量在后，分歧在后。分歧在后的，就有可能会出现转折点。分歧在前的，按照惯性趋势走。

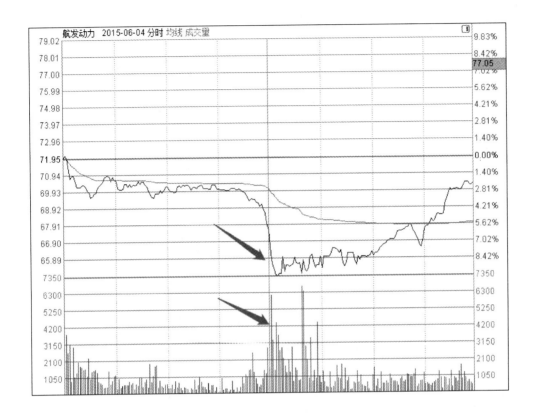

图 28 2015 年 6 月 4 日航发动力分时图

以上便是：

（1）放量分先后；

（2）缩量惯性走；

（3）变化找极点。

价格运动的趋势，是成交量的结果。量，决定了价格趋势的走向。接下来，我们将通过第二章的内容，去了解趋势。

第二章 趋 势

趋势，就是价格的走势。价格走势，是量的结果。

有一句话叫作量比价先行，有量必有价。

量和价，就好像金庸小说中，华山派的剑宗和气宗一样。

有的人，重视量；有的人，重视势。

例如，有些人在选股的时候，会首先考虑 3 日均线向上的斜率，或是 3 日均线上穿 10 日均线。

走势迅猛的股票，也可能会延续猛烈的上涨。而且，在开始阶段，往往是无量上涨。

这种股票，常常会没有底部放量的阶段。所以，只能用猛烈的上涨趋势去发现它。

所以，有时候在不看量的情况下，也可以去理解和发现趋势的走势变化。

看股票运动的趋势，一定要理解量是价格运动变化的根源，理解它的动力，才能够理解价格运动的趋势。

也许有些"80 后"的读者，听说过《大富翁》游戏，这是一种多人策略游戏。参赛者分得游戏金钱，凭运气（掷骰子）及交易策略，买地、建楼以赚取租金。

《大富翁》游戏中有个模拟股市的分类。这个模拟股市的运动规律，将真实的股票波动简化了。正因为是简化，这个模拟股市的运动规律才特别明显，特别容易被发现和掌握。

《大富翁》游戏中的模拟股市，它的股票价格运动规律非常明显。

游戏开始后，模拟股市中的各种股票价格，会开始走势分化。有的会上涨，有的会下跌，这是随机性的。

假设游戏中某只股票，它的走势从起始位置开始下跌，第一天–3%，第二天–5%，第三天–7%，这是一种加速下跌的走势。有可能第四天，它会封住跌停板。

所以，下跌越猛烈，我们越要避其锋芒。

等到有一天，它打开跌停板，但是股价仍然在下跌，–5%、–3%等。等到股价开始收小阳，那基本上就是止跌的时候。

这个时候，就可以在游戏中买入股票。

同样，买入股票后，它的走势表现，有可能小涨后继续下跌，也可能小涨后，变成大涨，形成反转图形。

这就要看它的动能是否足够。

涨停不卖，跌停不买。一定要等它的动能消失，走势趋势开始变化后，再介入。

强者恒强，弱者恒弱，符合"马太效应"。世间的很多规律，都是如此吧。

游戏毕竟是游戏，它将真实的股票运动规律简化了。所以，这个规律也特别明显，特别容易被发现。

在现实中，我们操作股票，也一样要避其锋芒。涨停不卖，跌停不买。

缩量下跌，一字板跌停的股票，是坚决不能碰的。一直到它出现一个放量长阳的走势，才可能考虑介入，这还不一定就是反转。

放量的长阴下跌，一定要回避。正常走势中，突然出现放量长阴，有可能是断崖式下跌的开始。放量下跌必须走。不管有没有盈利，就是亏损也必须立刻止损离开。

同样，缩量上涨和放量上涨的时候，我们就应该持股不动。一直到另一个放量打破原有的运动趋势。

以上这些，虽然表现形式不同，但其内在本质却是相同的，都是动力和惯性运动变化的结果，都可以被笔者的量价动力学解释和理解。

势如此重要，做股票应该顺势而为。按照量价动力学的理论，很大的力量上涨时应该跟随，很大的力量下跌时应该回避。

有人会说，这不是追涨杀跌吗？

嗯，在一定程度上，是追涨杀跌。但是，不是盲目地追涨杀跌。我们还需要进行判断：上涨，涨够了没有，还能不能涨；下跌，跌够了没有，还能不能跌。

预判，是一种左侧交易。如果要学习左侧交易，我们需要通过第三章的MACD 进行。

第一节　均线看趋势

均线，是价格的平均点的连接线。所以，均线可以看出长期的运动趋势。

例如，长期均线，往往使用 MA 60 日均线。

多根均线，多数人喜欢看金叉和死叉。

例如，5 日均线上穿 10 日均线为金叉买入。

又如，10 日均线下穿 60 日均线为死叉卖出。

均线的金叉和死叉，往往是短期表现。均线的斜率变化，是长期表现。

均线趋势图形。例如，全筑股份（603030）的 60 日均线一直在下降，最近 K 线刚刚上穿了 60 日均线。

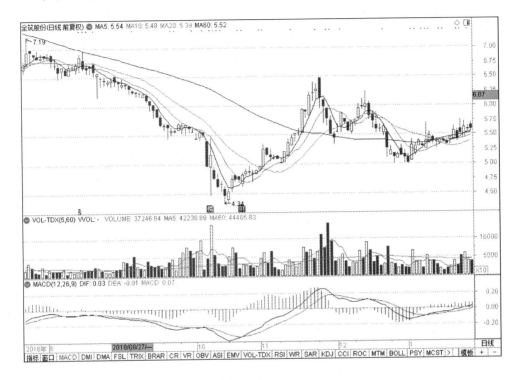

图1　全筑股份 K 线图

对于年级别而言，个股的 60 日均线，不算太长，也不算太短。有些人，喜欢把它看作个股的牛熊分界点。

60 均线是一个下降的趋势，代表个股整体趋势向下。60 均线是一个上升趋势，代表个股的整体趋势向上。

又如，截至 2018 年 12 月 14 日，上证指数还处于 60 日均线的压制之下。

股市中，很多人认为 120 日线是指数的牛熊分界线，也是股市的枯荣线。指数在 120 日均线以下为熊市，这个阶段，是不买股票的。

笔者往往会配合 60 日均量线去综合判断。指数的成交量在 60 日均量线以下，保持空仓。

截至 2019 年 2 月 25 日，沪指突破了所有均线。

图 2　2018 年 12 月 14 日上证指数 K 线图

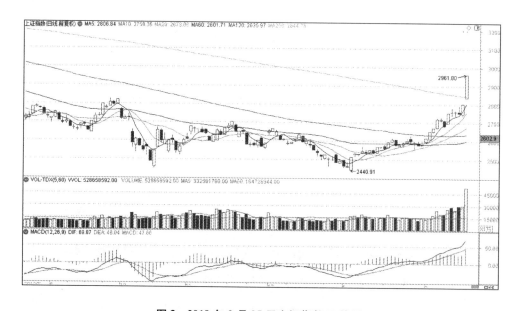

图 3　2019 年 2 月 25 日上证指数 K 线图

沪指的成交量，在2019年春节后，也完全突破了60日均量线。

单纯利用均线，我们无法进行左侧预判。所以，均线看趋势是一种右侧交易法。常常利用的是金叉和死叉，应该等结果出来以后再跟随交易。

除了金叉和死叉，还看均线的形态。例如，2月25日上证指数的5日均线、10日均线、20日均线、60日均线，已经形成了均线多头并列。60日均线已经开始走平，20日均线以下级别已经开始拐头向上。

从下跌动能来讲，就是一个下跌减缓，逐步筑底的阶段。

例如，山东威达（002026）的60日均线，已经形成了一个圆弧底部，开始向上拐头。K线位置，位于60日均线以上，如果不跌破的话，有可能形成一个历史底部。

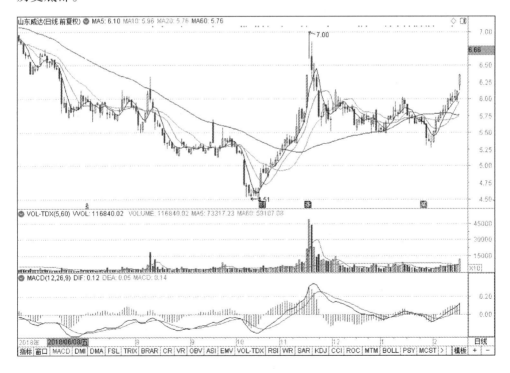

图4 山东威达K线图

个股下跌动能减缓，无论是在这里做一个平台，还是开始缓慢上涨，这个位置，都是值得关注的。

例如，西昌电力（600505），股票价格在突破 60 日均线之后，持续上涨，形成均线多头并列图形。

图 5　西昌电力 K 线图

60 日均线，也已经形成一个向上的趋势。

第二节　EXPMA 看趋势

EXPMA，可能较少人使用。EXPMA 的短期线，就是 BBI 线。也就是说，EXPMA 是用一根长期价格平均线和 BBI 线配合组成的。

分别是 EXP1 和 EXP2。

我记得铁锅战法就是使用 EXPMA 线。

EXPMA 线，看长期趋势时非常准确。例如，沪指的年 K 线，无论涨跌到什么位置，都会被年 EXPMA 线的短期均线所吸引。笔者观察过很多年，屡试不爽。

所以，年 EXPMA 线的位置，常常是沪指下跌的最低位置。

我们先来看看 EXPMA 趋势图形。例如，个股好当家（600467）的 EXPMA 图。

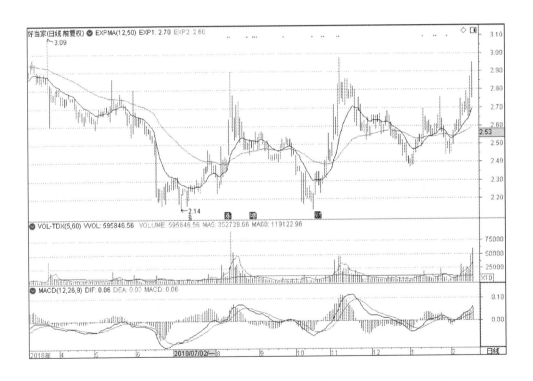

图 6　好当家 EXPMA 图

EXPMA 线的用法是：股票价格在 EXP2 线以上，可以开始购买。在 EXP2 线以下不买。

买点可以设置在股票价格突破 EXP2 线时，或突破后回落 EXP2 线的时刻。

例如，杭萧钢构（600477），它的 K 线最近刚刚突破了 EXP2 线，可以在突破位置买入。

图 7　杭萧钢构 K 线图

例如，凌云股份（600480），在 2018 年 11 月，股票价格跌破 EXP2 线的位置，可以在此位置卖出。

EXPMA 年线看沪指。前面说到，沪指的年 K 线，无论涨跌到什么位置都会被年 EXPMA 线的短期均线所吸引。

从图 9 中可以看到，自 1991 年以来，沪指的年 K 线的最低点，一直保持在 EXP1 线以上，很少有低于 EXP1 线的。

图8　凌云股份 K 线图

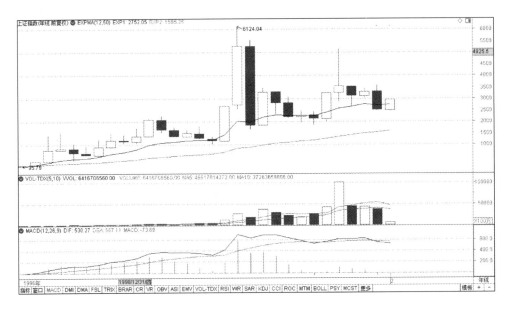

图9　上证指数年线 EXPMA 图

那么，在目前的情况下，沪指的点位，很有可能就是一个值得买入的低点。

再看看深证成指的年线 EXPMA 图。

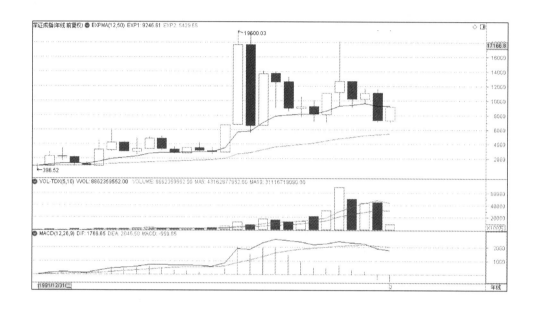

图 10　深证成指年线 EXPMA 图

深证成指的年 K 线，已经明显低于 EXP1 线的位置。从均线来说，已经是一个少有的低点位置。

从年线来看，目前沪深指数的位置，确实是很低的，很难再有更低。

再看看中小板指数的年线 EXPMA 图。

与深证成指类似，中小板指数的年线，也位于 EXPMA 线附近，属于很低的一个位置。

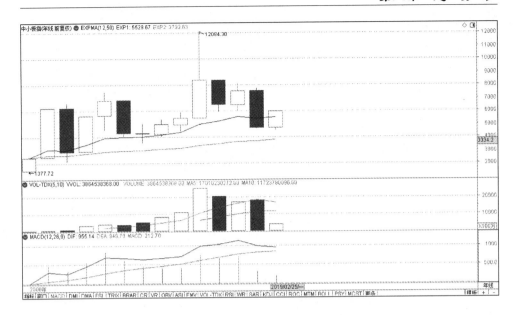

图 11 中小板指年线 EXPMA 图

第三节 布林线看趋势

布林线（Boll）指标是股市技术分析的常用工具之一，通过计算股价的"标准差"，再求股价的"信赖区间"。

该指标在图形上画出三条线，其中上下两条线可以分别看成是股价的压力线和支撑线，而在两条线之间还有一条股价平均线，布林线指标的参数最好设为 20。

布林线有上通道和下通道。通道中间的线，构成压力和支撑。一般来说，股价会运行在压力线和支撑线所形成的通道中。

从短期看，可以看股价是否在上通道中运行。例如，股票的 60 分钟 K 线，可以看布林线的通道。涨势良好的股票,价格会在通道上线和通道中线中反复运行。

如果股票价格一直在 60 分钟布林线的上通道间运行,则是非常强势的表现。观察到这种情况,只需要持股即可。

日线布林图看趋势。例如,2018 年 10 月 25 日风神股份(600469)K 线突破布林线中轨后,继续上涨。

图 12　2018 年 10 月 25 日风神股份布林图

例如,个股千金药业(600479)在 2019 年 1 月 9 日,股票价格突破布林线中轨,1 月 30 日回落布林中轨获得支撑,随后继续上涨。

图 13　千金药业布林图

前面说到，有些个股在非常强势的时候，股票价格持续在 60 分钟 K 线的上轨道与中轨道之间运行。

即使是持续涨停的股票，也是如此。

例如，奥马电器（002668）的 60 分钟布林图。

又如，亨通光电（600487）的价格，一直在 60 分钟 K 线图的上轨道和中轨道之间运行。

股票价格能够持续稳定地在 60 分钟布林图的上轨道运行，是股票强势的表现。这种股票，更值得购买。

所以，多数时候，60 分钟布林图，比日线布林图，更具有参考价值。

趋势，是一种结果，是右侧交易。我们要跟随趋势，顺应趋势。但是，我们还要通过第三章的内容，去学习如何预判趋势。

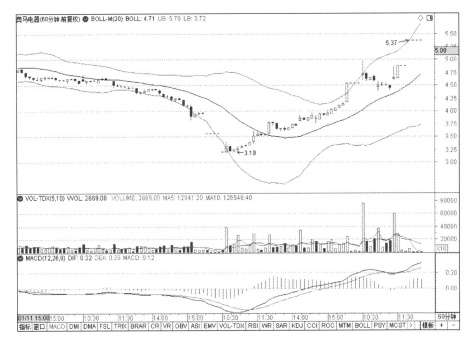

图14 奥马电器60分钟布林图

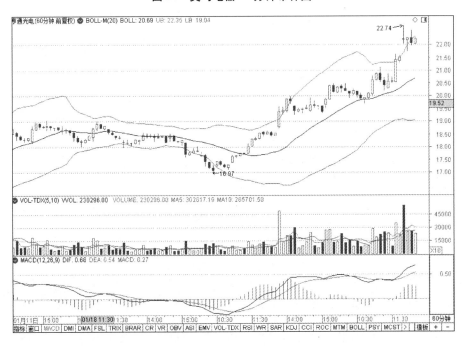

图15 亨通光电60分钟布林图

第三章　MACD 在价格趋势预判中的应用

MACD 称为异同移动平均线，是从双指数移动平均线发展而来的，由快的指数移动平均线（EMA12）减去慢的指数移动平均线（EMA26）得到快线 DIF，再用 2 ×（快线 DIF − DIF 的 9 日加权移动均线 DEA）得到 MACD 柱。MACD 的意义和双移动平均线基本相同，即由快、慢均线的离散、聚合表征当前的多空状态和股价可能的发展变化趋势。

当 MACD 从负数转向正数，是买的信号。当 MACD 从正数转向负数，是卖的信号。当 MACD 以大角度变化，表示快的移动平均线和慢的移动平均线的差距非常迅速地拉开，代表了一个市场大趋势的转变。

利用 MACD 看趋势，是最复杂，同时也是最准确的。网络上有一个"MACD 股票论坛"，值得去看看。这个论坛，清晰、全面地讲述了 MACD 的有关技术。

背离和背驰，都通过 MACD 进行判断。本书第一章第四节中所说的极点，也可以通过 MACD 来判断。左侧交易的预判，通过 MACD 进行判断。

所以，我们用整个第三章，来讲述如何应用 MACD。

MACD 的基本用法。

（1）MACD 金叉：DIFF 由下向上突破 DEA，为买入信号。

（2）MACD 死叉：DIFF 由上向下突破 DEA，为卖出信号。

（3）MACD 绿转红：MACD 值由负变正，市场由空头转为多头。

（4）MACD 红转绿：MACD 值由正变负，市场由多头转为空头。

（5）DIFF 与 DEA 均为正值，即都在零轴线以上时，大势属多头市场，DIFF 向上突破 DEA，可作买入信号。

（6）DIFF 与 DEA 均为负值，即都在零轴线以下时，大势属空头市场，DIFF 向下跌破 DEA，可作卖出信号。

（7）当 DEA 线与 K 线趋势发生背离时为反转信号。

第一节　背离和背驰

成交量的方向和价格的方向相反，称为背离。它即代表着转折点。

背离，需要看的是阶段量。它是成交量与价格变化关系的重要体现。我们在看背离的时候，往往不是看量图。

通过 MACD 图形予以判断，更加方便准确。笔者通常会通过 MACD 的两根均线面积和极点进行判断背离的产生。

我们再看表1，这里需要与第一章中的表1的关系区别对待。

通过表1我们可以发现，背离只出现在两个阶段：量增价跌、量减价升，这是两个重要的转折点。

背驰是缠论的称呼。原来的量价理论，是没有背驰这种说法的。

在实际应用中，背离和背驰可以互补，综合判断。

先看看量价背离。

表1 量价背离

量	价	方向	背离	变化
量增	价升	相同	无	—
量增	价跌	相反	是	转折
量增	价平	—	—	转折
量减	价升	相反	是	转折
量减	价跌	相同	无	—
量减	价平	—	—	—

当股票价格出现新的高峰时，成交量未增加，且开始减少，代表后续资金无法流入以支撑股价。这时候，会出现顶背离。

同样，当股票价格出现新低，成交量未减少，且开始增加。这表明市场不认同价格将会继续下跌，代表着市场对价格分歧的加大。这时候，就会出现底背离。

2014 年 12 月，沪指是一段量价背离。

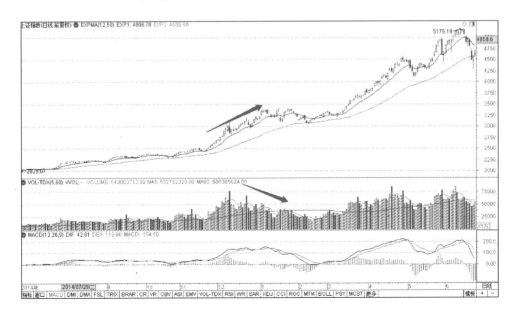

图1 2014 年 12 月上证指数 K 线图

这是标准的背离图，通过成交量的柱状图进行判断。在价格上涨时，成交量柱状逐渐缩减，是背离的表现。

2007 年的沪指高点，没有出现 MACD 顶背离，但是却出现了量价背离。

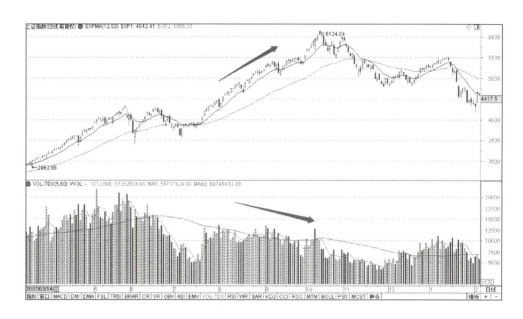

图2　2007 年上证指数 K 线图

2015 年的沪指高点，却出现了 MACD 的顶部背离，只是不是非常明显罢了。

MACD 背离，需要关注的是 MACD 两根均线的位置，通常以三段背离为标准。

值得注意的是，小盘股常常会有背离。有时是两段背离，有时是三段背离。大盘股却很少产生背离。

背离，并不是上涨的必要条件。但是，背离经常会带来上涨。所以，我们可以用背离进行预判。也就是左侧交易。

2018 年 8 月到 12 月，长园集团（600525）在下跌过程中，产生了标准的三段背离，随后开始上涨。

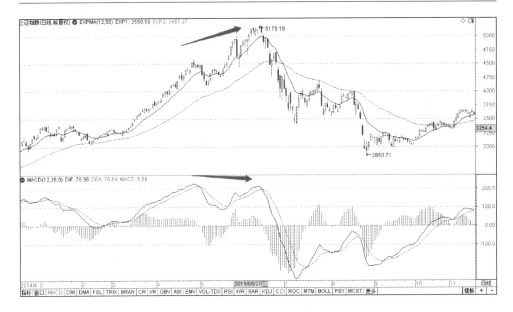

图3　2015 年上证指数 K 线图

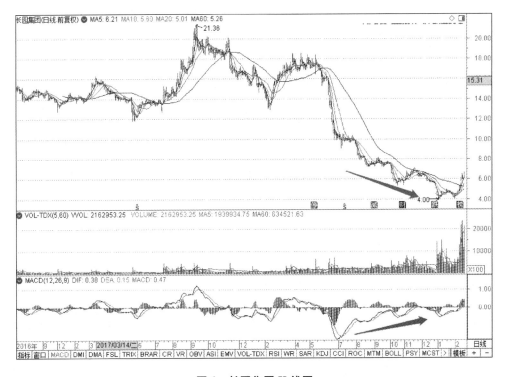

图4　长园集团 K 线图

看懂股市涨跌的密码

2018 年 10 月，青岛啤酒（600600）产生了三段背离后，开始上涨。

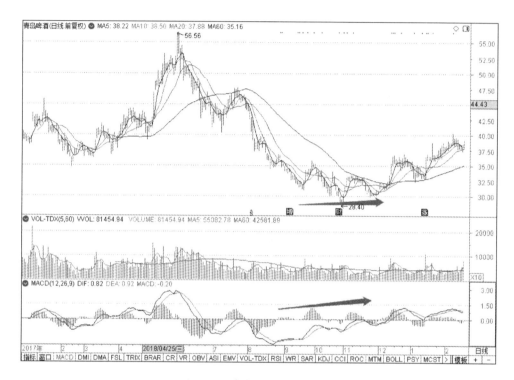

图 5 青岛啤酒 K 线图

我们再看背驰。

背离，指的是成交量和价格趋势的相反。原先看的是量图，现在却简化为看 MACD 图。

背驰，是缠中说禅的理论。原先看的是趋势图，但也可以简化为看 MACD 图。

背驰与背离不同。背离的重点是 MACD 图的两条均线围成的区域。背驰的重点，却是红柱区域和绿柱区域的面积。

先看看趋势背驰。股价创新高或新低，而趋势图形却没能走出前面对应的力度。趋势力度比上一次趋势力度要弱，就形成背驰。背驰其实就是力度衰竭的表现。

也就是我们第二章所说的势。

简单地说，下跌背驰就是下跌一波比一波缓和。上涨背驰也是上涨力度一波比一波缓和。

这是势能的减退，也是我们量价动力学的一个趋势惯性的减缓和消退。

以长园集团为例，2018 年 6 月、8 月、10 月的下跌越来越短，形成下跌背驰。

如图 6 所示的三个框的位置。第一个框的下跌，急且长。第二个框的下跌，稍缓。第三个框的下跌，短且缓。这就是趋势背驰。

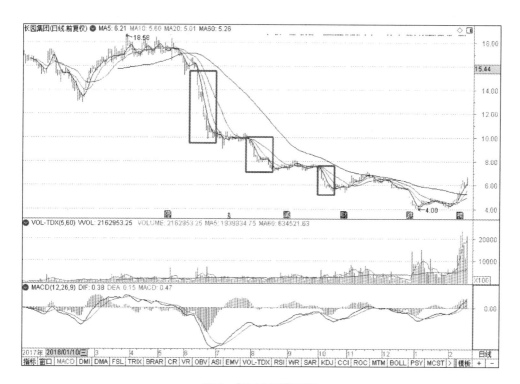

图 6　长园集团背驰图

我们再看康美药业（600518），在下跌过程中共产生了四段背驰。

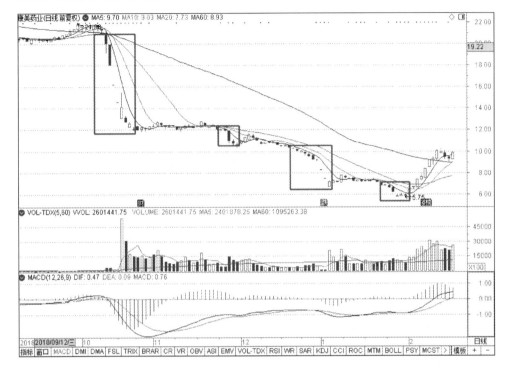

图 7　康美药业背驰图

第一段下跌非常猛烈。第二段下跌稍缓。第三段下跌，因为有利空消息，又连续跌停。第四段下跌，已经很短了。最后配合股市大环境的上涨，股价被拉起。

那么，用 MACD 看背驰，是看红柱和绿柱的面积。例如，豫光金铅（600531）在下跌过程中，有四段背驰。

同样可以看出，这四段 MACD 背驰的绿柱面积，与 K 线图的下跌段的长度，是可以相对应的。

所以，用 MACDE 的绿柱长度简化判断。

那么，上涨时，背驰关注的就是前后 K 线上涨短的长度，和前后对应段的MACD 红柱面积的大小。

当 MACD 红柱面积，一波比一波小的时候，就要注意上涨趋势是否减缓。

图8　豫光金铅背驰图

这符合我们量价动力学中动能和势能的解释。

有些时候，MACD 背离和背驰会同时在图形上存在。例如，2015 年的沪指在下跌过程中，符合背离和背驰。

图9　2015 年上证指数背离图

MACD 均线的连结点，一波比一波高，形成 MACD 下跌背离。

图 10　2015 年上证指数背驰图

前后下跌段对比。后段下跌长度比前段短，后段 MACD 绿柱比前段长，形成下跌背驰。

第二节　底背离

底部背离，是比较常见的。例如，2008 年沪指出现了较长时间的底部背离。

在出现底部背离后，股票往往能够开启第一段时间的上涨。

底部背离，一般以三段背离为标准图形。

也有一些个股，仅见两段背离就开启上涨。

底部背离，还有一些不标准的形态。但是，这种不标准的形态，往往是股票更加强势的表现。

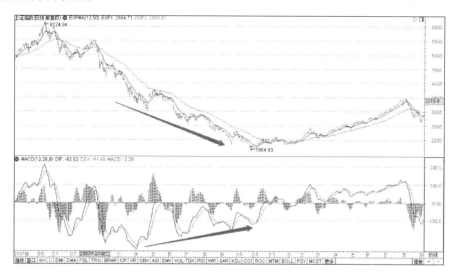

图 11　2008 年上证指数 K 线图

申万宏源（000166）2015 年 12 月 K 线图是一个两段背离，就开启了上涨。

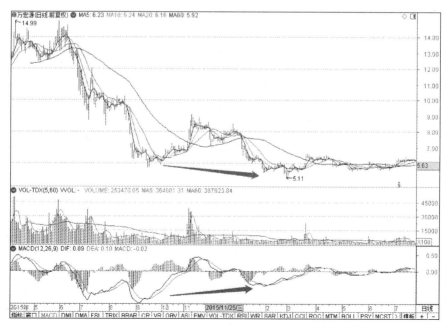

图 12　申万宏源 2015 年 12 月 K 线图

在下跌市场中，底背离是很常见的。例如，达安基因（002030）2018年12月的K线图。

图13　达安基因背离图

个股华帝股份，在2018年7~12月，形成了长时间的背离。一直到股价开始突破均线和平台，结束背离，才开始上涨。

由此可见，背离的时间长短，两段或三段背离，都不是上涨的必然条件。

值得注意的是，一些非标准的背离图，往往是第二个阶段的K线位置，没有低于第一个阶段。但MACD的极点，仍然是逐步抬高的。

这种股票，往往会有更好的上涨表现。

例如，联创电子（002036）第二段位置并没有低于第一段，没有形成低点。但是，MACD的第二段位置却比第一段抬高。

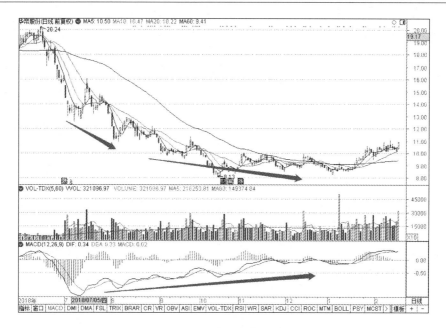

图 14　华帝股份背离图

图 15　联创电子背离图

这不是标准背离图形，但它却表示了强烈的上涨意愿，能够有更好的上涨表现。

第三节　顶背离

个股的顶部背离比较少见。例如，特力 A（000025）12 月的 K 线图，也是两段上涨背离。

图 16　特力 A 2015 年 12 月背离图

2015 年 5 月，南玻 A（000012）在产生顶背离后下跌。

顶部背离产生后，股价往往会开始下跌。但是，顶背离也不是下跌的必要条件。

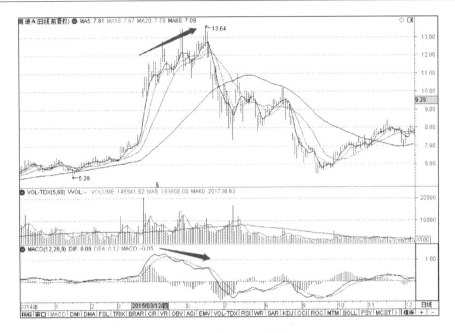

图 17 南玻 A 背离图

例如，2015 年 6 月深中华 A，并未产生顶部背离，就开始下跌。

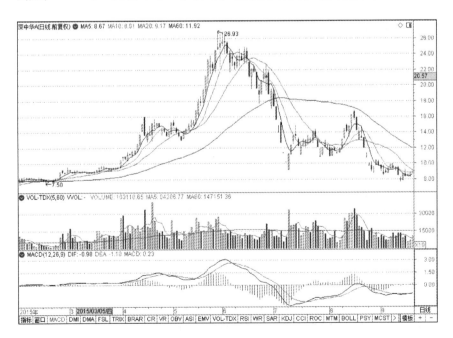

图 18 深中华 A K 线图（一）

所以，判断个股是否达到顶部，除顶部背离和背驰外，还需要配合观察大环境。例如，沪深指数是否达到顶点，以及个股是否产生反狼牙量，还有本书后续章节的筹码图形。通过综合判断，决定这是不是一只股票的大顶位置，是否需要卖出。

图19 深中华A K线图（二）

深中华A在顶部区域没有产生顶背离，也没有产生反狼牙量。但是，成交量和K线，却出现了量增价平的现象。也就是说，放量不涨在高位震荡，而形成一个趋势的转折点。

我们还可以通过对第四章——筹码的学习，发现该股的底部筹码，在下图框所示区域快速消失。这些都是一只股票的顶部特征。

图20 深中华 A K 线图（三）

第四节 极点

前面说到，一张一弛，文武之道。股票的涨跌，也是如此。就如同潮汐，有高潮，有低潮。有一日内的高低，有阶段的高低，也有年内的高低。

股票中一个价格的高点，会对应一个价格的低点，它们是正负关系。

一个 MACD 的高点，也会对应一个 MACD 的低点，同样两两相对。这两个 MACD 的点，笔者把它称为极点。

这个极点有日内的，有阶段的，也有年内的，都是两两相对的。

日线 MACD 的极点，是比较常见的。

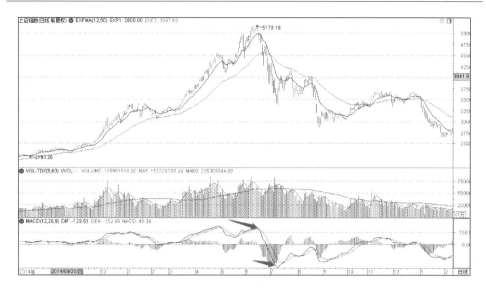

图 21 上证指数 K 线图

一个高位即将下跌的极点，笔者称为空极点。

它所对应的一个超跌反弹的极点，笔者称为多极点。

下跌时，应该在空极点卖出。上涨时，应该在多极点买入。

例如，三维通信的多极点后，产生了一个空极点。随后，产生了一小段的下跌。这个空极点，可以是一个短线的卖出位置，但不是长线的卖出位置。

2018 年 7～10 月，顺络电子产生了一个空极点，一个多极点。多极点之后，产生了一段表示强势的非标准背离图形。此后，股票价格开始强烈地上涨。

符合我们刚才所说的非标准背离，上涨更加强烈。

分时图的极点是与日线的极点对应的。它在股市中不是非常明显。但是，在期货市场中却是非常明显的。因为，期货市场会把一切的波动放大。

极点，可以用来决定买入和卖出的位置。

首先是判断多空。

判断是多趋势，应该去寻找一个空极点买入。

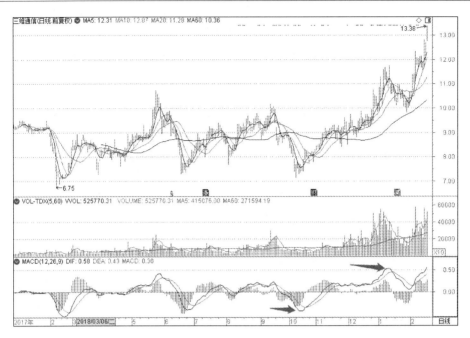

图 22　三维通信极点图

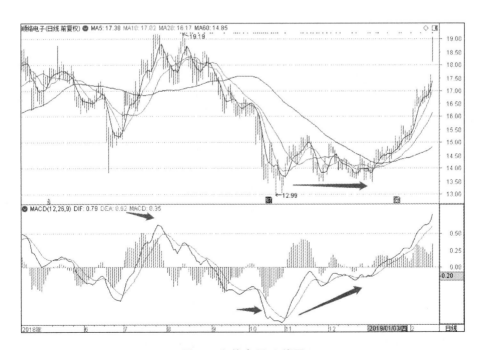

图 23　顺络电子 K 线图

判断是空趋势，应该去寻找一个多极点卖出。

极点，除判断买卖点外，还应该去关注多空力量的变化。

例如，产生了空极点之后，价格容易上涨，说明多趋势有效。

产生了多极点以后，价格容易下跌，说明空趋势有效。

在极点产生后，还必须冷静地判断多空力量。因为，多空力量的变化，是微妙的、随时的，一不小心就可能发生再次的转变。

这种再次转变，会使之前的趋势和极点的惯性全部被打破。这时候，市场会依据新的变化趋势规律运行，也就是一个趋势被打破了。

所以，不要想当然，每次的买入和卖出，都需要重新冷静地判断。

左侧交易和右侧交易，都不是必然有效的。背离和背驰，只能表达相对的高点和低点，它们不能洞察资金的动向，但是筹码图却可以做到这一点。

所以，我们需要学习第四章——筹码。

第四章 筹 码

笔者大约于 2004 年学习了筹码图的相关知识。该部分知识始见于雪峰所著的《股票技术分析实战技法》。笔者用了几周的时间把全书看完，基本上就看明白了。这本书，也算是笔者的入门书籍。

筹码分布指标（CYQ）是将市场交易的筹码画成一条条横线，共 100 条，该横线在价格空间内所处的位置代表指数或股价的高低，其长短代表该价位筹码数量的多少。该指标由陈浩于 1997 年发明，并被投资者所知。

众所周知，一轮行情主要由三个阶段构成：吸筹阶段、拉升阶段和派发阶段。

吸筹阶段：

吸筹阶段的主要任务是在低位大量买进股票。吸筹是否充分，庄家持仓量的多少对其做盘有极为重要的意义：其一，持仓量决定了其利润量，筹码越多，利润实现量越大；其二，持仓量决定了其控盘程度，吸筹筹码越多，市场筹码越少，庄家对股票的控制能力越强。同时，在吸筹阶段也常伴随着洗盘过程，迫使跟风客出局和上一轮行情高位套牢者不断地割肉，庄家才能在低位吸筹承接。其实，庄家吸筹的过程就是一个筹码换手的过程，在这个过程中，庄家为买方，股民为卖方。只有在低位充分完成了筹码换手，吸筹阶段才会结束，发动上攻行情的条件才趋于成熟。庄家的吸筹区域就是其持有股票的成本区域。

拉升阶段:

拉升阶段的主要任务是使股价脱离庄家吸筹成本区,打开利润空间。在此过程中,庄家用部分筹码打压做盘,同时承接抛压筹码,但其大部分筹码仍旧按兵不动地锁定在吸筹区域,等待拉高获利卖出。在拉升过程中,部分股民纷纷追涨,同时部分股民获利吐出。对于坐庄技巧较好的庄家,如有大势配合,庄家只需要点上一把火,拉升工作主要是由股民自行完成的。其间,庄家主要利用控盘能力调控拉升节奏。在拉升阶段,成交异常活跃,筹码加速转手,各价位的成本分布大小不一。

派发阶段:

派发阶段的主要任务是卖出持仓筹码,实现坐庄利润。股价经过拉升脱离成本区达到庄家的盈利区域,庄家高位出货的可能性不断地增大。随着高位换手的充分,拉升前的低位筹码被上移至高位。而当低位筹码搬家工作完成之时,庄家出货工作也宣告完成,一轮下跌行情随之降临。在一轮行情的流程中要充分重视两个概念:低位充分换手和高位充分换手。低位充分换手是吸筹阶段完成的标志;高位充分换手是派发阶段完成的标志。它们是拉升和派发的充分必要条件。所谓充分换手就是在一定的价格区域成交高度密集,使分散在各价位上的筹码充分集中在一个主要的价格区域。

总之,任何一轮行情都是由高位换手到低位换手,再由低位换手到高位换手。这种成本转换的过程不仅是利润实现的过程,也是割肉亏损的过程,从而形成了股票走势的全部历史。

筹码图形可以完整地再现股票的这三个阶段。

笔者称为股票的生命周期。

在《股票技术分析实战技法》这本书中,作者雪峰总结了十种筹码图形特征。分别是:

（1）上峰不死跌势不止。

（2）突破低位单峰密集。

（3）上涨多峰密集续涨。

（4）突破高位单峰密集。

（5）反转至单峰密集。

（6）成本发散上行延续。

（7）洗盘回归单峰密集。

（8）回调峰密集强支撑。

（9）做顶洗盘再度密集。

（10）跌穿高位密集止损。

笔者把以上十条进行了总结归纳，重点讲述筹码峰和筹码谷，以方便读者理解。

第一节　筹码图

筹码图是成交量与价格的综合体。它记录了每天、每个价格点的成交量。与成交量图不同，筹码图是纵向展示的。

同一个价格区间的成交量越多，这个价格区间对应的筹码越多，图形越长。

同一个价格区间的成交量越少，这个价格区间对应的筹码越少，图形越短。

如果成交的价格分散在一个很宽阔的区域，我们称为筹码分散。

如果成交的价格集中在一个很狭窄的区域，我们称为筹码集中。

底部筹码集中，是股价已经见底的标志。配合狼牙量，可以确认买入的时机。

股价在高位时，发现底部筹码逐步消失，配合反狼牙量和顶部背离，我们可以确认卖出的时机。

一只股票的价格变化，是市场意志的综合结果。学习筹码图，最重要的一点就是忘掉庄家和散户的对立。主导股票价格变化的力量，我们可以称为主力资金。这个主力资金，不一定就是某个庄家。

图1是2019年2月25日东湖高新（600133）的筹码图。

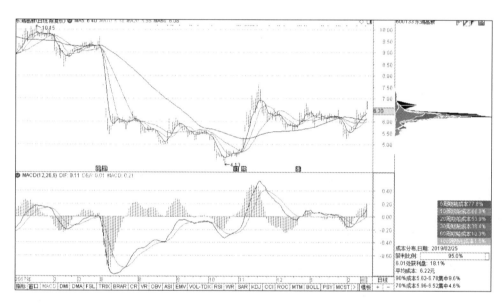

图1 2019年2月25日东湖高新筹码图

在图1中我们可以看到，东湖高新已经完成了筹码集中，形成了筹码单峰密集。

东湖高新在下跌过程中产生了两段背离。

我们再来看看它是否有一个吸筹的阶段，先看10月22日的图形，再看11月2日的图形对比。

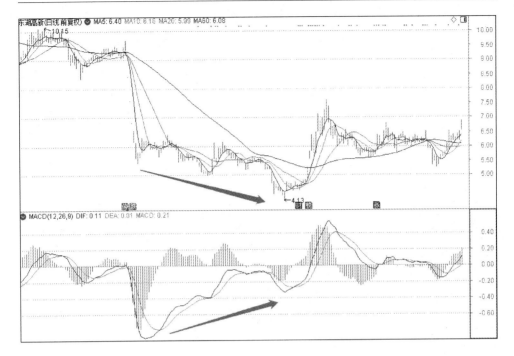

图2 东湖高新背离图

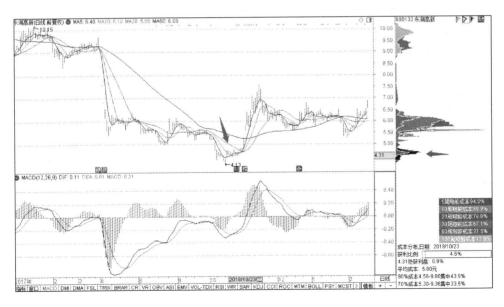

图3 10月22日东湖高新筹码图

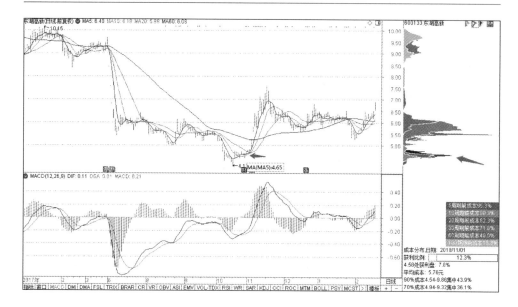

图4　11月2日东湖高新筹码图

通过两张图的对比，可以明显地看到，在低位区域，10月22日到11月2日，东湖高新的底部筹码有所增长，该股确实有少量吸筹。

股票在拉升阶段，筹码图又会有哪些变化呢？我们看2017年5~7月，东湖高新拉升阶段的筹码图变化。

5月，东湖高新在低位形成筹码密集。

5月16日，东湖高新形成两个筹码峰。

在5月下旬的回调中，东湖高新的高位筹码峰消失，这是上方的股民割肉止损的过程。

7月，东湖高新再次形成三个筹码峰这是筹码发散的过程。

7月中旬，东湖高新的股票价格快速拉升筹码图也更加发散。

7月下旬，东湖高新的股票价格达到一个高点。下方发散的筹码峰也全部消失，集中到上方，形成筹码高位集中。这是很不好的表现，也就是一只股票派发的过程。

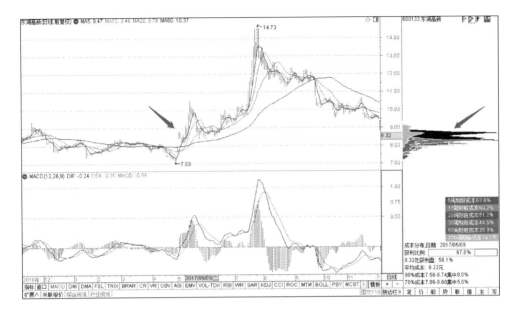

图5 东湖高新筹码图（一）

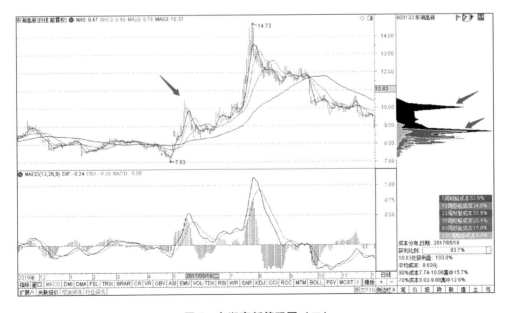

图6 东湖高新筹码图（二）

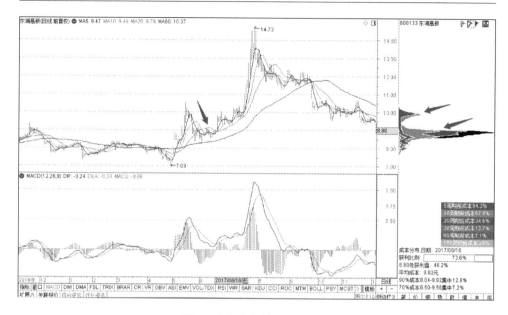

图7　东湖高新筹码图（三）

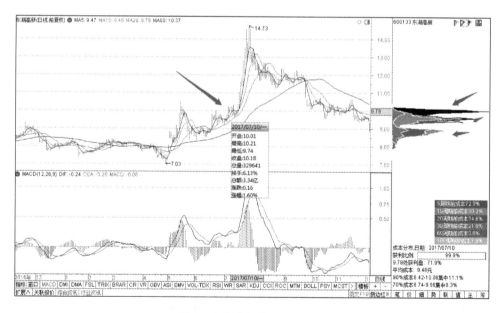

图8　东湖高新筹码图（四）

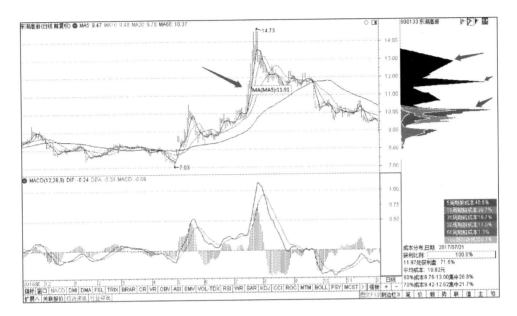

图 9　东湖高新筹码图（五）

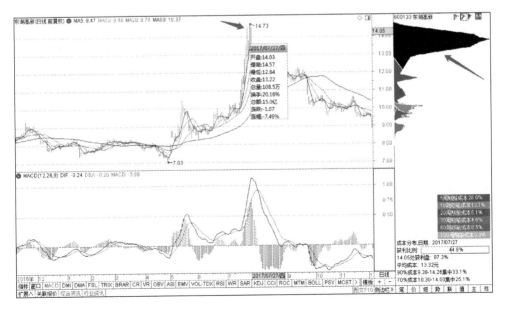

图 10　东湖高新筹码图（六）

我们再来看几个派发过程的筹码图示例。

西部资源（600139）这只股票在 2015 年 5 月 26 日形成价格的高点，MACD 空极点。但是，它的筹码下峰在 6 月 5 日快速消失。6 月 5 日这天，它竟然还拉了一个阳线。

随后的两天，它连续两个一字跌停。

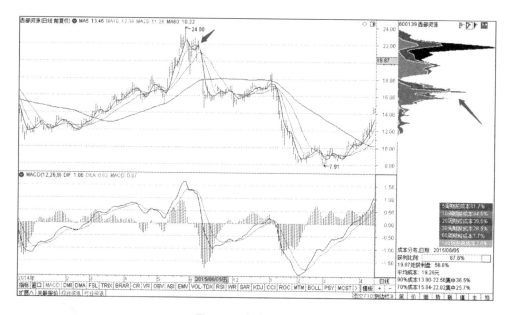

图11　西部资源筹码图

再看永泰能源（600157），价格在 2015 年 6 月 5 日达到高点。

6 月 9 日，底部筹码突然开始大幅减少。

6 月 16 日，底部筹码已经完全消失，而价格开始形成一个平台。随后，跌破平台，出现高位单峰密集。

本章节的图形展示了一些股票的吸筹、拉升、派发的阶段。

值得注意的是，小盘股的筹码图形，因为其转化速度快，比较容易观察。大盘股的筹码图形就不那么容易观察了。而且，大盘股常常也没有完整的筹码转化。

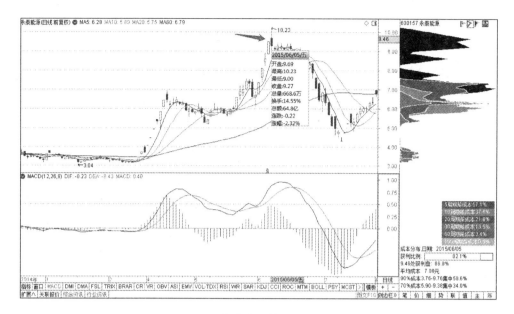

图12　永泰能源筹码图（一）

图13　永泰能源筹码图（二）

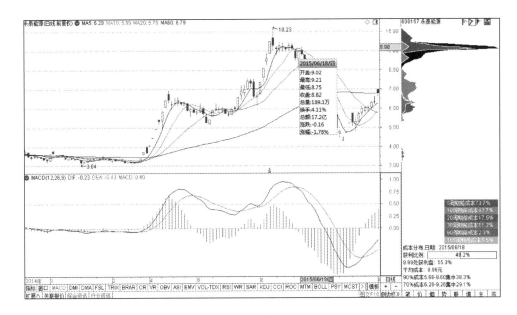

图 14　永泰能源筹码图（三）

大盘股的生命周期，不能单纯依赖筹码图，更应该关注国家的经济周期。

第二节　筹码峰和筹码谷

筹码峰是价格的集中区域，也是人数的集中区域。在这里，会产生集体意识。

当这个区间的人都获利的时候，他们都不会卖出。

当这个区间的人都亏损的时候，他们都非常着急，想要卖出。

所以，筹码峰的区域对股价具有支撑和压力的双重作用。

股价从上方回落到筹码峰，筹码峰给予支撑；股价从下方上涨到筹码峰的位置，筹码峰给予压力。这实际上是由市场的心理变化造成的。

筹码谷是一个广阔的分散区间。因此，在这个区域，不具有支撑和压力。

股价在运动时，可以快速地通过筹码谷的位置。

2019 年 1 月 4 日，国联水产（300094）筹码形成了低位单峰密集。

图 15　2019 年 1 月 4 日国联水产筹码峰图

2 月，股票价格在突破单峰密集后，开始了快速上涨。

2019 年 1 月 4 日，晓程科技（300139）形成了一个筹码谷的位置。

晓程科技形成了一个明显的筹码谷。如果股价运行到这个区间，将会快速通过筹码谷的区域。

筹码峰，具有支撑和压制的作用。

因此，当 90% 的筹码都位于筹码峰以上的位置时，股票价格才会持续走好。

当 90% 的筹码都位于筹码峰以下的位置时，筹码峰给予压力。这时候，往往需要通过筹码转化，把上峰的筹码消灭掉。在下方重新生成筹码密集，股票价格才能开始上涨。

图 16 国联水产筹码图

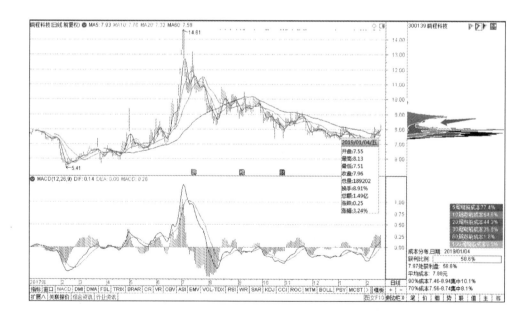

图 17 2019 年 1 月 4 日晓程科技筹码图

第三节 筹码运动理论

筹码图绝对不能静止地看待。

动态地看筹码图可以了解到一只股票从底部到顶部的一个完整的涨跌过程。可以让操作者，精准地买在最低，卖在最高。

我们以春兴精工（002547）为例，来学习动态看筹码的变化。2018 年 5 月，春兴精工在 9 元左右的价格区间进行横盘，导致产生筹码峰。

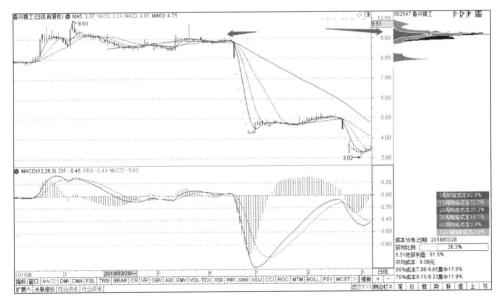

图 18 春兴精工筹码图（一）

股价在跌破筹码峰以后，开始快速下跌，大量的股票被套牢在这个位置。

截至 2018 年 8 月，股价在 4 元左右，进行了一次横盘，重新形成了一个低位筹码峰。这时候，上方原有的筹码已经消失得差不多了。

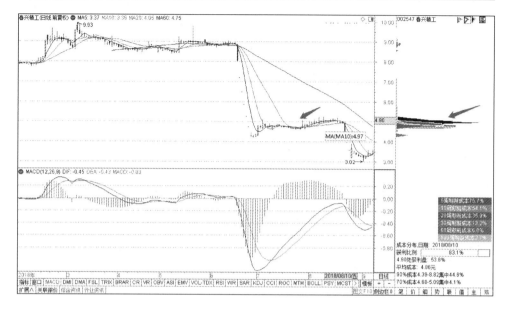

图 19　春兴精工筹码图（二）

再看看春兴精工这个区间的统计数据。这个区间还有 256% 的换手率。一般，300% 的换手率就可以被认为该股票的全部筹码都已经被转换。

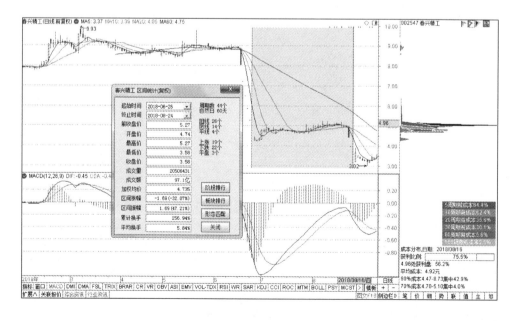

图 20　春兴精工区间统计

9 月，春兴精工再次跌破这个平台，达到 3.5 元左右的位置又进行了一次新的筹码转化，4 元平台上的筹码又消失了。

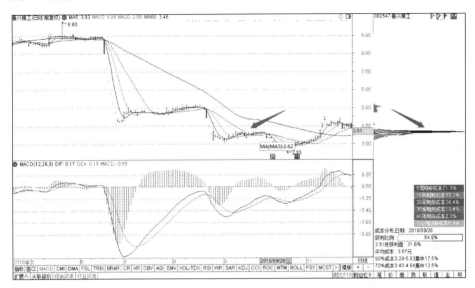

图 21　春兴精工筹码图（三）

到了 10 月，春兴精工到达了一个低点的位置。在这个区间，进行了第三次的筹码转化。同时，这个区间产生了标准的三段背离。

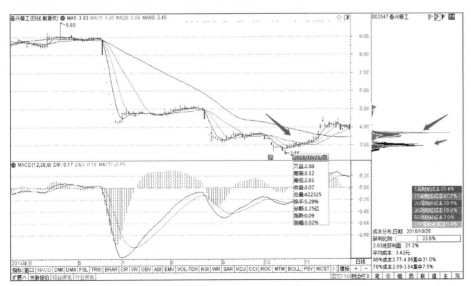

图 22　春兴精工筹码图（四）

10月的三段背离产生以后，春兴精工的股价终于开始上涨，并在11月重新形成一个筹码峰平台。

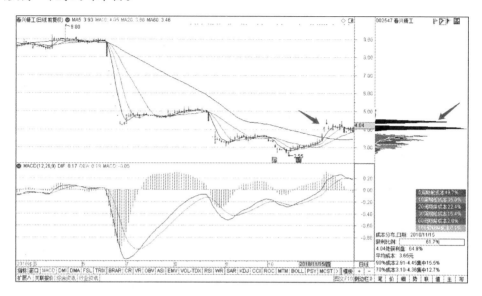

图23　春兴精工筹码图（五）

12月，春兴精工股票价格上涨，开始一段拉升。但是，在高位又生成了筹码峰。它的筹码转化速度实在是太快了。

图24　春兴精工筹码图（六）

2019 年 2 月，春兴精工的价格在突破新的高位筹码平台后开始快速拉升。

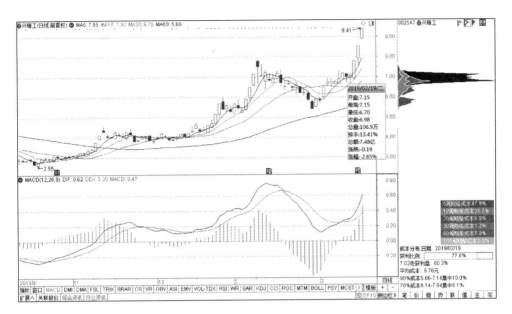

图 25　春兴精工筹码图（七）

像春兴精工这种异常活跃的股票，其实是很难把握的。它的筹码转化速度快，很难利用筹码去判断高位卖出的点位。

当股票价格低于筹码峰平台的时候，应该保持谨慎。

当股票价格高于筹码峰平台的时候，可以适当追涨。

笔者曾经在 2013 年上半年买入过理工监测（002322）这只股票。现在改名叫作理工环科。通过这只股票一个阶段的上涨过程，可以清晰地看到筹码转化的过程。

理工环科在下跌后，没有经过背离阶段直接拉起。在 6.5 元左右的价格区域进行了底部筹码转化。

这类股票因为盘子太小，筹码转化特别容易完成。

图26　理工环科筹码图（一）

在2013年4月的上涨过程中，它形成了三个筹码峰。这是一种上涨过程中良好的筹码分布状态，应该继续持股。

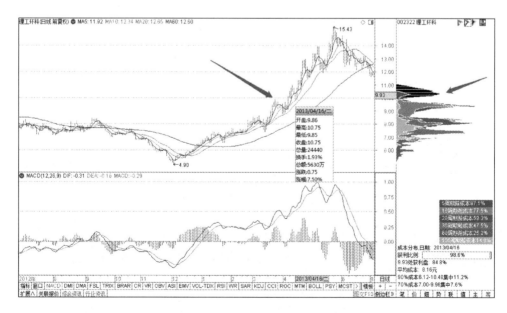

图27　理工环科筹码图（二）

2013 年 5 月 13 ~ 17 日，该股突然出现了底部筹码连续且快速消失的情况，这是底部资金逃离的标志。

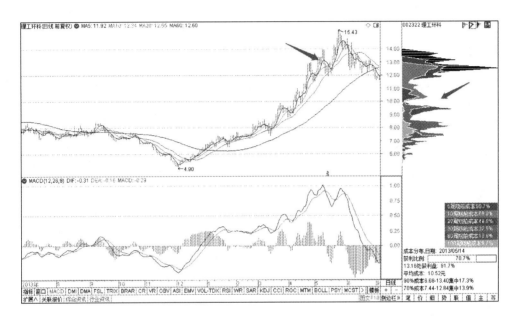

图 28　理工环科筹码图（三）

结果，股价在 5 月 29 日达到一个阶段高点。

学习筹码图需要我们细心观察股价筹码图的每日变化。如果出现底部资金快速减少的情况，应该保持警惕，然后决定是否卖出。

底部资金逃离后，股价可能会快速回落，一路向下，也可能会开启平台整理，然后继续向上。

为什么还会继续向上？这种多见于热点操作的股票。在消息面上，我们会听到游资接力的新闻。

也就是说，第一波的资金已经出局了，但利好和热点还在。这样的股票，可能会有第二波和第三波资金，接力炒作。

小盘股、题材股、热点股常常会出现这种情况，应该细心分辨。

这类股票，经常会造成底部筹码的消失。但是，这种底部筹码的消失，却又不是股价的最高点。这时候，股价往往会短期修整后继续上涨。

筹码理论最重要的一句话是：上峰不死跌势不止。

这句话，体现了股市的残酷无情。

股价在筹码峰以下时，筹码图的上峰区域，他们都是套牢的股民。

根据筹码理论观察到的规律，一只股票的筹码上峰没有消失的时候，这只股票是绝对不会上涨的。

而股票筹码图上峰的消失，就是股民的割肉过程。

所以，笔者每次看到股票价格低迷时，股票上峰的消失，都会感叹股民的艰难与悲哀。

股票筹码图的上峰消失以后，会在底部形成筹码峰。笔者把它叫作筹码的底部生长。筹码的底部生长，代表股票底部的构成。配合是否产生背离和是否符合狼牙量的特征，就可以确定买入了。

筹码在下跌过程中的上峰消失，往往也是套牢股民的信心崩溃。

在股价的 K 线趋势上，这个阶段往往是一个平台下跌的"挖坑"。但是，往往底部就这样构成了。

我们再看看康美药业这只股票最近的筹码图形。

康美药业在历史上是一只优秀的股票。但是，最近因为一些利空消息大幅下跌，几乎跌破净值。

我们再来看看它的下跌过程的筹码变化。

2018 年 9 月，康美药业形成了单峰密集。

在下跌过程中，它形成了一个多极点和两段背离。

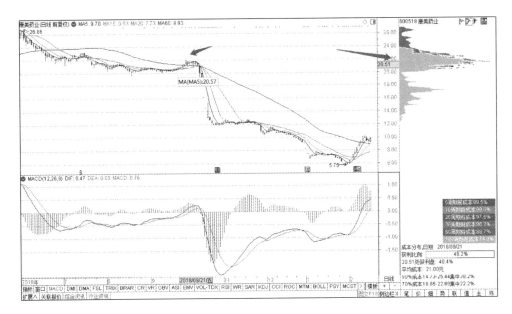

图 29　康美药业筹码图

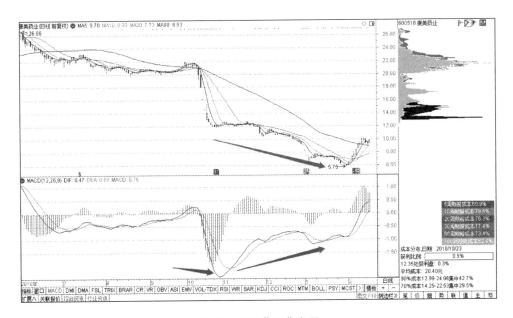

图 30　康美药业背离图

11 月的价格平台处，它形成了筹码单峰密集。

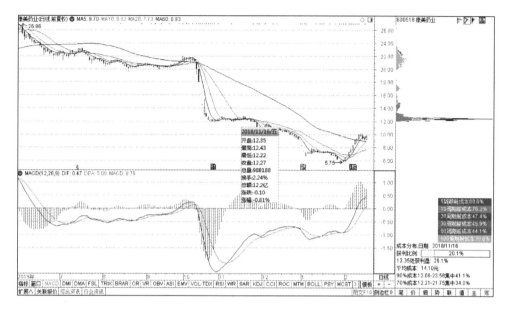

图 31　康美药业筹码图（一）

2019 年 1 月，它在低位重新形成单峰密集，上方的密集筹码已经几乎消失。

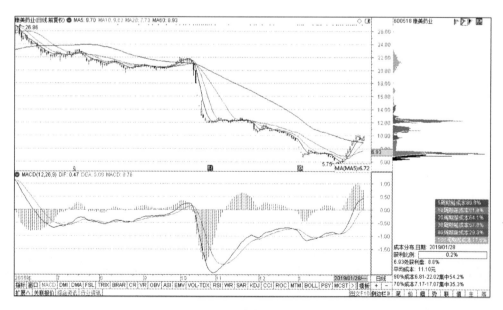

图 32　康美药业筹码图（二）

2019 年 2 月，它在上涨过程中形成了筹码发散。由此可见，这仅仅是上涨的开始。

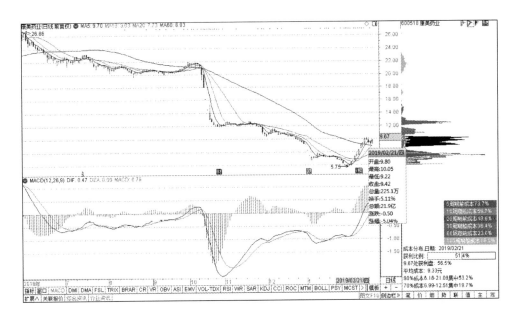

图 33　康美药业筹码图（三）

康美药业这只股票在低位区域形成了低位背离、趋势背驰、低位筹码集中、向上筹码发散。从目前看，价格趋势已经走好。

希望这只以前优秀的股票，能够早日摆脱利空下跌的阴影。

从第一章到第四章，我们学习了右侧交易、左侧交易、观察资金动向。

第五章，我们需要学习如何选股和选时。正确地选股和选时，才能保证盈利。

第五章　选股和选时

其实对于股市而言，最重要的两点就是：选择股票和选择买入的时机。也就是选股和选时。

在选股和选时之前，对大环境的识别，是非常重要的。现在的股市环境，是牛市还是熊市？方向是上涨还是下跌？

从技术分析上讲，截至 2019 年 1 月，A 股还处于熊市的阶段中。其特征是：上证指数的 K 线，仍然被 60 日及以下级别的均线压制，成交量没有明显的放大。但是，MACD 图显示出 2018 年 7 ~ 12 月，沪指有可能产生 MACD 的底部背离。

我们前面说到，背离不是上涨的必要条件。背离也不是一定就能带来上涨。对于指数而言，有时候是两段背离，有时候是三段背离。更多的时候，指数的最高点和最低点是符合国家政策和经济周期规律的。

2019 年春节过后，股市开始上涨。我们看看截至 2019 年 2 月 25 日的沪指图形。

从图 2 可以看出，沪指在产生底部背离后，成交量有所放大。2019 年 1 月的成交量图是符合狼牙量特征的。春节后开票的几个交易日，沪指的 K 线明显地突破了 60 日均线，开始一路拉升。

图1 上证指数K线图(一)

图2 上证指数K线图(二)

由此，我们可以总结出几个底部形成的特征：

（1）底部成交量放大；

（2）有底部背离形成；

（3）K线突破所有均线，形成多头并列；

（4）底部成交量符合狼牙量特征；

（5）价格上穿60日均线。

对于指数，我们是不看筹码图的。所以，这里没有列出筹码的变化特征。

牛熊是非常重要的，是一个大环境。牛市中，大部分股票是能够上涨的；熊市中，大部分股票是下跌的，这是大概率。遵循大概率，就是符合大环境。遵循大趋势，才能够提高胜率。

所以，建议小散户，熊市中应该保持冷静，保持空仓，不要来回折腾。

我们要学习右侧交易和左侧交易。在机会可能产生的时候，细心观察；在机会来临的时候，有所准备。这样，才能在股市中盈利。

第一节　选　股

有一句话叫作思想决定行为。对此，笔者是非常认同的。每个人的性格脾气不同，喜好不同，其做出的行为决定就会不同。

股民的思想，大概也会分为保守型、激进型、平衡型。

A股市场中的股票，也会有类似的分类。大盘蓝筹股，就偏向保守型。稳重，业绩好，能定期提供分红。

小盘股，经常有利好、蹭热点、有游资炒作，这样的股票，就属于激进型。

所以，选股还是要看自己喜欢哪种类型的股票。

在市场持续下跌，寻找底部的时候，蓝筹股就能够体现出它的价值。有些蓝筹股甚至跌破净值。

例如，万科 A（000002）、贵州茅台（600519）、五粮液（000858）、格力电器（000651）、工商银行（601398）、华能国际（600011）这样的股票，稳重、业绩好、经常分红。

保守型的股民，就可以选择这样的股票。再配合选择买入的时机，长线持股，可以获得不错的收益。

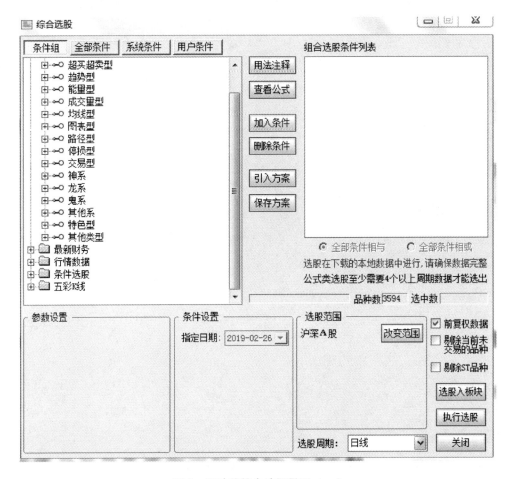

图3　通达信综合选股界面（一）

笔者是属于激进型的股民，经常进行短线交易，比较喜欢一些小盘股，筹码交换活跃，日换手在3%～25%，能够快速地上涨。当然，也可能快速地下跌。

例如，捷昌驱动（603583）、华政新材（603186）、蒙草生态（300355）、海利生物（603718），这样的股票，才是笔者喜欢的类型。

以电脑通达信软件为例。点击软件菜单中的选股器，进入综合选股功能。

在这里，可以自己列入各种条件，筛选出想要寻找的股票。

例如，笔者常用这样一种综合选股条件。

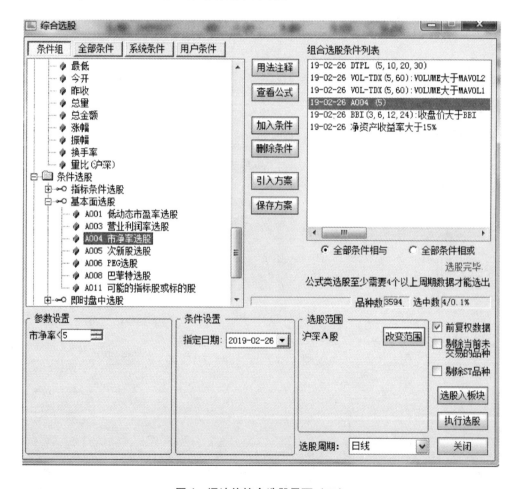

图4　通达信综合选股界面（二）

它的含义是：

（1）5/10/20/30 日均线多头并列；

（2）当日成交量大于 60 日均量线；

（3）当日成交量大于 5 日均量线；

（4）股票市净率小于 5 倍；

（5）当日收盘价 K 线在 BBI 线以上；

（6）股票净资产收益率大于 15%。

这几个条件要求：成交量要放大、均线要走好、当日 K 线要在 BBI 线以上、市净率小、净资产收益率高。覆盖了量、趋势、内在价值。

很遗憾，通达信电脑软件，无法筛选出筹码图和 MACD 背离图形。

但是，随着科技的发展，现在同花顺手机问财选股就可以做到这些。

图 5　国际医学 K 线图

依据以上的条件，2019 年 2 月 26 日电脑筛选出四只股票。分别是：国际医学、信立泰、白云山、汇鸿集团。

图 6　信立泰 K 线图

图 7　白云山 K 线图

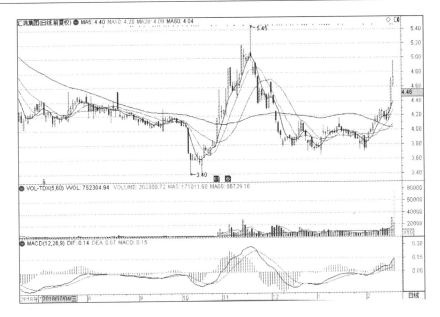

图8　汇鸿集团K线图

笔者常用的一种短线选股方法，如图9所示。

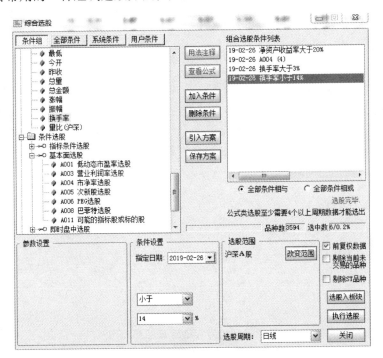

图9　通达信综合选股界面（三）

它的含义是：

（1）股票净资产收益率大于20%；

（2）市净率小于4倍；

（3）当日换手率大于3%；

（4）当日换手率小于14%。

这种选股条件，它筛选的是当日表现活跃的短线股票。同时，兼顾了股票的内在价值。

依据以上的条件，2019年2月26日，电脑筛选出六只股票。

分别是：方大集团、中天金融、三钢闽光、方大炭素、新安股份、华友钴业。

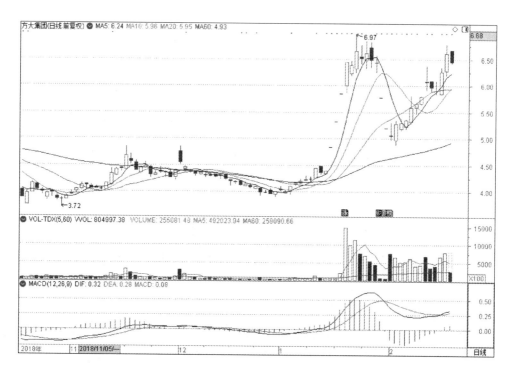

图10　方大集团K线图

图 11 中天金融 K 线图

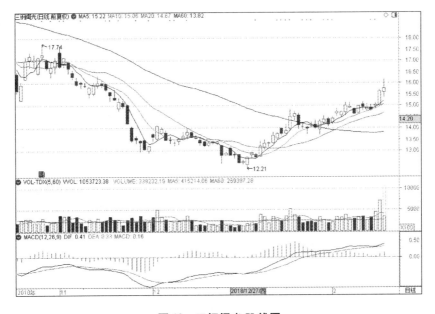

图 12 三钢闽光 K 线图

图 13　方大炭素 K 线图

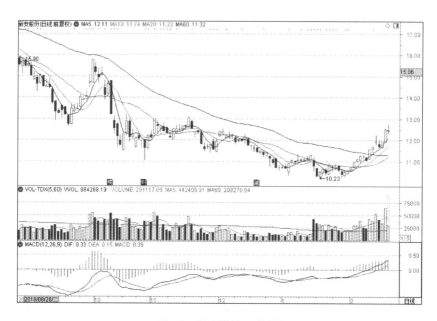

图 14　新安股份 K 线图

图 15 华友钴业 K 线图

第二节 多空方向判断

选定股票之后,需要去判断股票走势目前的大方向。个股的走势由下跌开始转向上涨,有几个特征可供参考:

(1)底部成交量放大;

(2)MACD 产生底部背离;

(3)K 线突破所有均线,形成多头并列;

(4)底部筹码集中,形成筹码峰;

(5)底部成交量符合狼牙量特征;

（6）价格上穿 60 日均线。

上述六个条件，并不一定要全部符合，但不能有明显的违反。例如，反狼牙量，就是不可接受的。

以刚才所说的捷昌驱动（603583）、华正新材（603186）、蒙草生态（300355）、海利生物（603718）股票为例。

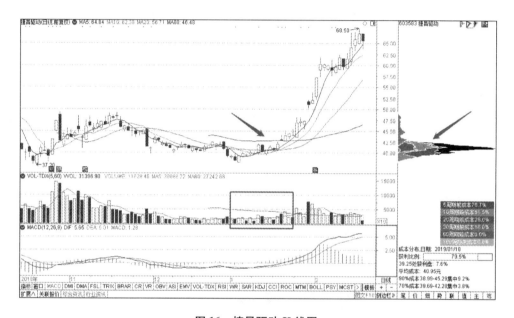

图 16　捷昌驱动 K 线图

捷昌驱动在 2019 年 1 月产生了底部狼牙量。K 线突破所有均线后，回踩。筹码图也出现了低位筹码峰密集，随后开启一波上涨。

这里没有形成背离。值得注意的是，盘子越大的股票，背离越明显。常常产生三段背离。盘子越小的股票，背离越不明显，因为筹码转化实在是太快了。

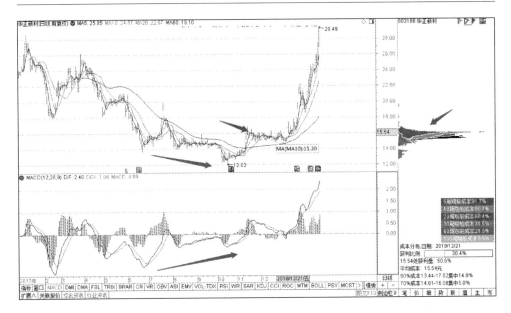

图 17 华正新材 K 线图（一）

华正新材，在 2018 年 7～11 月产生了背离。同时，也产生了底部筹码峰密集的现象。

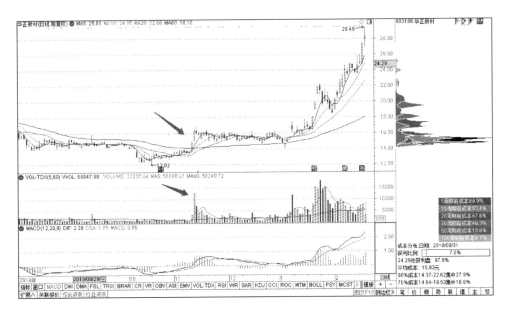

图 18 华正新材 K 线图（二）

11 月 12 日，一根放量的阳线将价格拉起，随后构筑平台。然后，价格突破平台，开始暴涨。符合底部放量特征。

图 19　蒙草生态 K 线图（一）

蒙草生态在 2017 年 1 月有一个两段背离。底部筹码集中，价格突破均线。随后，它的价格翻了 3 倍。

蒙草生态是一只很灵活的小盘股。价格容易暴涨暴跌，趋势又很明显，容易识别，是一只很好操作的股票。

近期，蒙草生态有一个标准的三段背离，随后开始上涨。相信它这一波的上涨高度，不会低于 2017 年的那次上涨。

海利生物在 2018 年 9 月产生了轻微的背离。价格突破均线，底部筹码集中，底部放量，随后价格连续上涨。

再以个股春兴精工和光洋股份这两只股票为例，看看如何识别底部。

图 20　蒙草生态 K 线图（二）

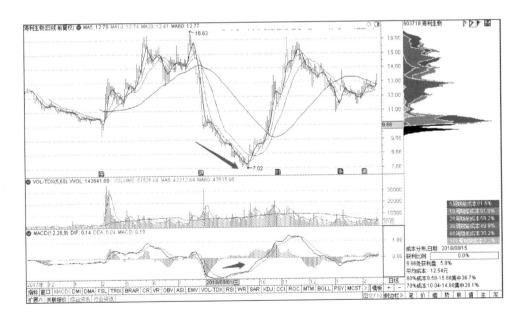

图 21　海利生物 K 线图

春兴精工（002547）在 2018 年 10 月底部成交量放大，K 线突破短期均线。

底部开始形成筹码峰，然后形成狼牙量。

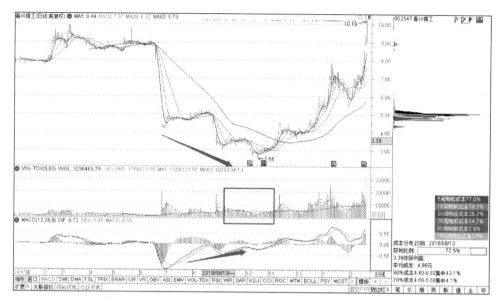

图 22　春兴精工 K 线图

光洋股份（002708）在 2018 年 10 月底部成交量开始放大，K 线突破所有均
线，形成底部筹码峰。

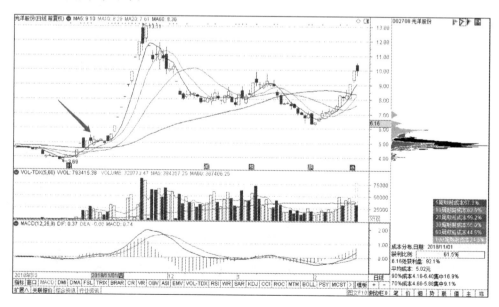

图 23　光洋股份 K 线图（一）

再看光洋股份 2019 年 1 月的图形。K 线突破均线，筹码密集形成。但是，重点是 K 线出现的是与狼牙量相反的形态，这点需要非常注意。K 线在放量下跌，缩量上涨，形成红短绿长的形态。于是，个股在小幅上冲后，就开始下跌。

这个形态符合反狼牙量特征。在出现反狼牙量后，股票价格开启了一波跳水。

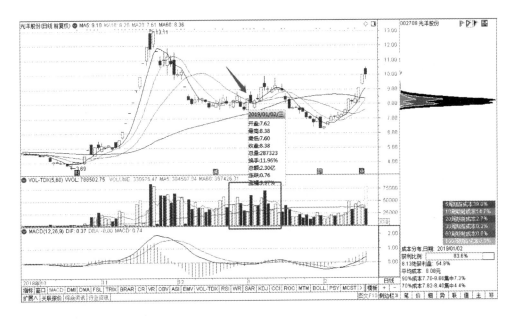

图 24　光洋股份 K 线图（二）

值得注意的是，上述几个要点的特征，都不是孤立地存在和判断的。

特别是底部筹码集中。在熊市中，一些个股可能筹码集中，形成平台，再跌破平台，再次集中，再跌破，如此反复。

背离，也是如此。有可能一些股票在下跌过程中，形成了标准的三段背离，但是，背离再背离，终究还是下跌。

所以，一个特征，只是一个阶段内的特征。不要以为就是一种长期趋势，不要买入后不放手。

特征出现了，也可能被其他力量再次打破。

本章提到，个股的走势由下跌开始转向上涨，有几个特征可供参考：

（1）底部成交量放大；

（2）MACD 产生底部背离；

（3）K 线突破所有均线，形成多头并列；

（4）底部筹码集中，形成筹码峰；

（5）底部成交量符合狼牙量特征；

（6）价格上穿 60 日均线。

那么，个股的走势，由上涨开始转向下跌，其特征可能会有：

（1）高位成交量放大；

（2）MACD 产生顶部背离；

（3）K 线跌破均线，形成空头并列；

（4）形成高位筹码峰，价格位于筹码峰以下；

（5）高位形成反狼牙量；

（6）价格跌穿 60 日均线。

第三节　确定时机

选择了股票，判断了方向，就要去考虑买卖点。这个买卖点应利用我们极点的概念去寻找。

下跌方向，买卖点找空极点。

上涨方向，买卖点找多极点。

例如，个股春兴精工（002547）在 2019 年 1 月 10 日 K 线出现吊颈形态。第二天，又出现射击之星加上当日高位放量，这都是明显的顶部形态。也就是说，它即将开启一段下跌。

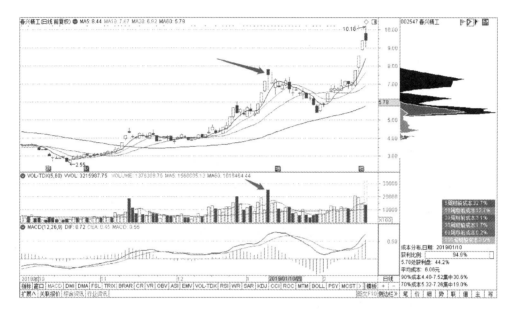

图 25　春兴精工 K 线图

那么，如果在这两天来不及卖出，卖点可以在第三天的分时图中寻找。在箭头所指的位置卖出，这个就是极点的应用。

例如，个股华鑫股份（600621）在 2018 年 7~9 月，产生了三段背离。在 10 月，产生了筹码集中，以及跌破筹码平台的挖坑跳水动作。

随后，10 月 19 日，股价开始放量上涨 4.3%，10 月 22 日，股价涨停。

根据我们的极点去判断，应该在 10 月 22 日上午 10：00 左右，买入该股票。

在单边市场中，这个极点是非常明显的。波动越大，极点也越明显。震荡市场中，极点是不明显的。震荡市场，我们也很难盈利。所以，在极点不明显的情况下可以考虑放弃。

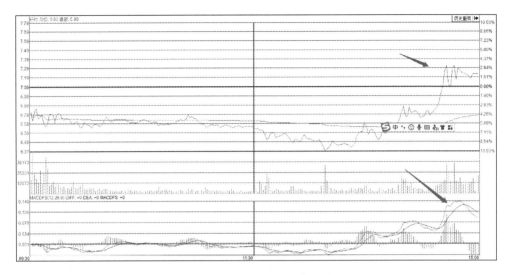

图 26　2019 年 1 月 14 日春兴精工分时图

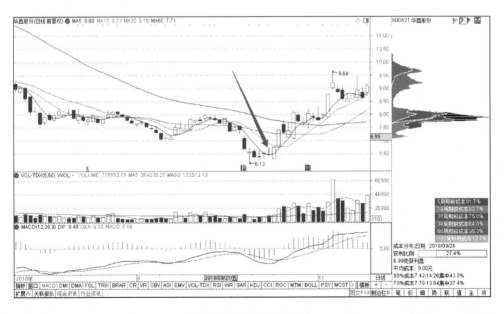

图 27　华鑫股份 K 线图

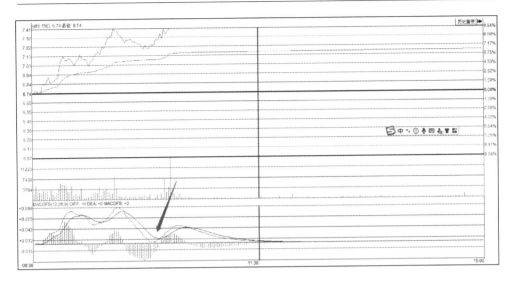

图 28　2018 年 10 月 22 日华鑫股份分时图

随着科技的发展，出现了一些智能选股的功能。例如，同花顺的问财选股。我们通过第六章的内容，对它进行学习和了解。

第六章 同花顺问财选股的 几种短线方法

第五章我们讲述的是一些传统的选股和识别多空的方法。随着现在的科技进步，同花顺软件开发出了人工智能的问财选股功能。笔者觉得，值得琢磨研究。

2018 年 10 月 8 日，笔者使用同花顺问财选股功能，发现了第一种选涨停的方法。

后续又经过研究，发现了第二种和第三种选涨停的方法。目前，第二种和第三种方法，还在改良、试验、验证中。

第一种方法，当时选到了金鸿控股。

然后，陆续选到了贵人鸟、新宏泰、平治信息。

其中，金鸿控股和贵人鸟，触及三个涨停，新宏泰四个涨停，平治信息两个涨停。

四只股票，十二个涨停。这是一种成功率极高、短期涨势迅猛的选股方法。这种方法主要就是利用了早晨之星这种 K 线组合图形。

图 1　同花顺问财选股界面

例如，在输入框中输入"五日内底部背离"。

按照 2019 年 2 月 26 日的搜索结果，得到美诺华、重庆钢铁、凯众股份这三只股票。

图 2　同花顺问财选股界面

例如，2019 年 2 月 26 日，搜索条件"底部背离、换手大于 3、换手小于 14"，得到搜索结果：美诺华。

例如，2019 年 2 月 26 日，搜索条件"日换手大于 3%、日换手小于 10%、涨幅大于 3%、净资产收益率大、15 市净率小于 4"，得到富祥股份、国际医学、天赐材料。

图 3 美诺华 K 线图

图 4 重庆钢铁 K 线图

图5　凯众股份K线图

图6　同花顺问财选股界面

图 7　同花顺问财选股界面

图 8　富祥股份 K 线图

图 9　国际医学 K 线图

图 10　天赐材料 K 线图

第一节　早晨之星

早晨之星这个形态，前一天的 K 线图形是下跌的，当天的 K 线图形，平开或高开，并向上拉起，往往形成一个光头阳线。与前两天的 K 线，形成一个 K 线组合，这种形态被称为早晨之星。

例如，2019 年 1 月 14 日东方通信（600776）的 K 线组合，形成早晨之星。

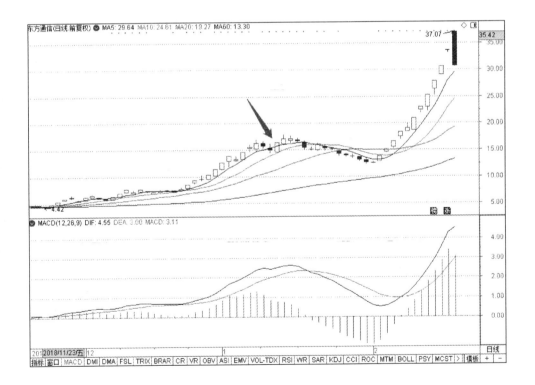

图 11　东方通信 K 线图

形成早晨之星后，往往第二天会继续上涨。

笔者给早晨之星增加了一个条件，叫作价升量涨。增加了这个条件，选股变得非常苛刻。两市现在共有 3675 只股票，用这个条件选股，往往一整天，一个也选不到。偶尔能选到，也仅有一只。

2018 年 10 月 8 日，笔者第一次用这种方法选股，选到金鸿控股（000669）。后续几天，它的价格连续上涨约 40%，并有两个涨停板。

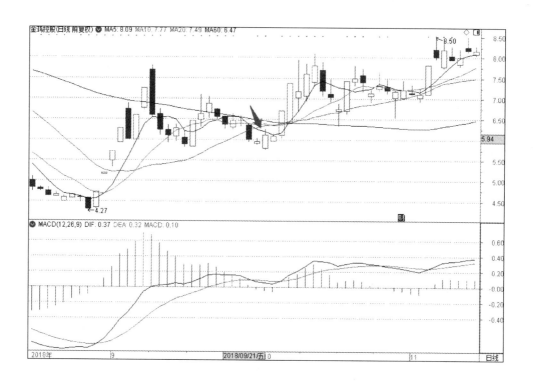

图 12　金鸿控股 K 线图

2018 年 10 月 16 日，选到贵人鸟（603555），接着两个涨停。

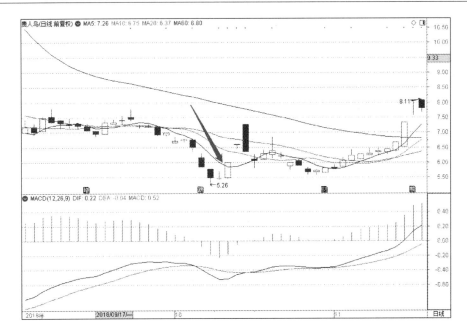

图 13 贵人鸟 K 线图

2018 年 10 月 18 日，选到新宏泰（603016），后续四个涨停。

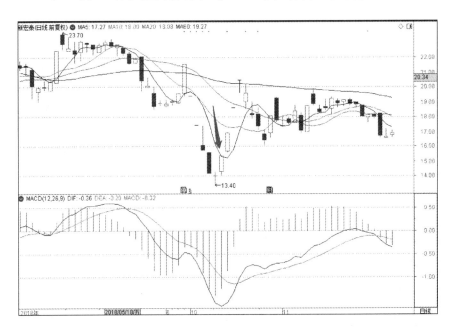

图 14 新宏泰 K 线图

2018 年 10 月 19 日，选到平治信息（300571），触及两个涨停。

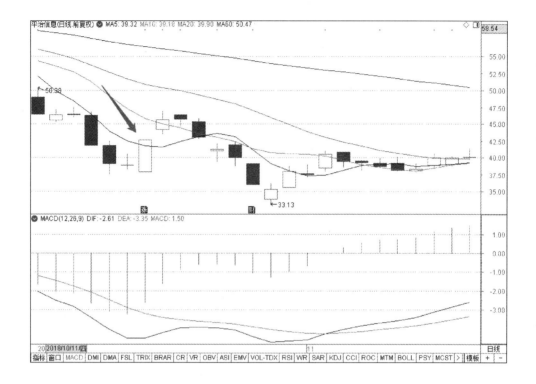

图 15　平治信息 K 线图

值得注意的是，当时指数和个股，都处于猛烈下跌的阶段。这种选股方法，是个股超跌反弹的表现，所以，上涨也比较猛烈。

到 10 月以后，这种选股方法就很难选到股票了。

例如，2019 年 2 月 26 日搜索条件"早晨之星"，得到 *ST 抚钢。

图16　同花顺问财选股界面

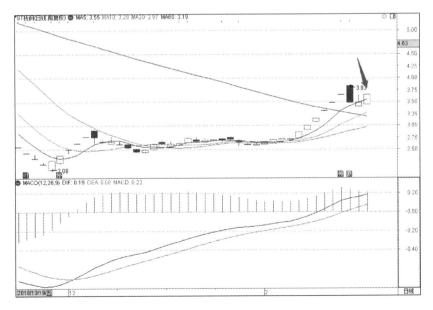

图17　*ST 抚钢 K 线图

第二节　金针探底

金针探底，也是一种少见，且成功率较高的 K 线形态。

2019 年 1 月 28 日，南华生物（000504）走出金针探底的形态。这一天的 K 线，也是近期最低的位置。

图 18　南华生物 K 线图

金针探底，要求 K 线的下影线越长越好。对应的单日量线，越长越好。可以用量价动力学的思维去思考。

这是一种当日内反转的形态，往往后续会惯性上涨。

例如，2019 年 1 月 2 日个股同花顺（300033）走出金针探底形态。

图 19　同花顺 K 线图

例如，2019 年 1 月 21 日安洁科技（002635）的金针探底形态。

金针探底，是一种日内的多空转化。也就是我们之前所说的，放量要区分先后。后放量，有可能发生转折和变化。

例如，2019 年 2 月 26 日搜索条件"十日内金针探底"，得到秋林集团、天晟新材。

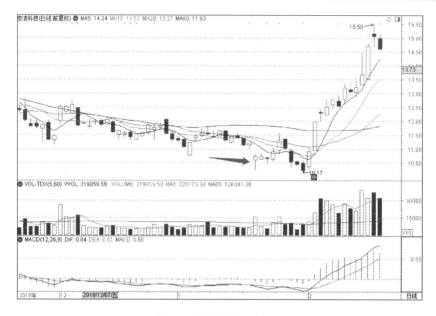

图20　安洁科技 K 线图

图21　同花顺问财选股界面

图 22 秋林集团 K 线图

秋林集团在产生金针探底后，成交量不断扩大，筹码也在低位形成单峰密集，相信今日会有比较好的表现。

图 23 天晟新材 K 线图

天晟新材在产生金针探底后，持续放量，目前价格已经开始上涨。

第三节　多方炮

多方炮，是一种两阳夹一阴的 K 线形态，且一般三根 K 线呈现逐渐上涨的形态。出现多方炮后上涨概率还是比较高的。

在物理学中，能量是保持守恒的。动能和势能，能够互相转化。我们的量价动力学，也是这种思想。

看待多方炮，不仅要看图形，还要看它的上涨动力。上涨动力越强，连续上涨的概率也就越大。

图24　中环股份多方炮图形

看其他图形的时候，也是如此。

比较好的多方炮，一般是两根光头阳线，夹着一根小星星。这样上涨的动力会比较充分，中间也经过修整。同时，量图必须呈现出狼牙量的形态，方可保证后续的上涨。

例如，2019 年 2 月 1 日中环股份（002129）就形成多方炮图形。此后，价格持续上涨。

多方炮，一般都能带来猛烈的上涨，是一种比较好的短线选股条件。

例如，2019 年 2 月 26 日搜索条件"多方炮"，得到全通教育、拓尔思、飞天诚信、ST 康得新、天邦股份。

图 25 同花顺问财选股界面

看懂股市涨跌的密码

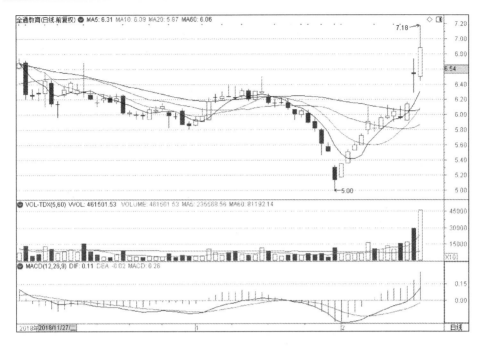

图 26　全通教育 K 线图

图 27　拓尔思 K 线图

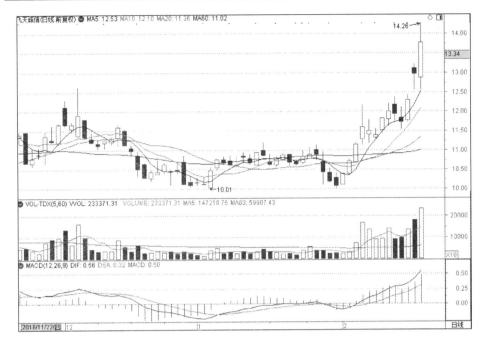

图 28 飞天诚信 K 线图

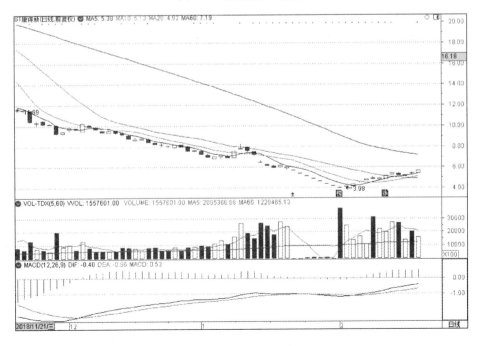

图 29 ST 康得新 K 线图

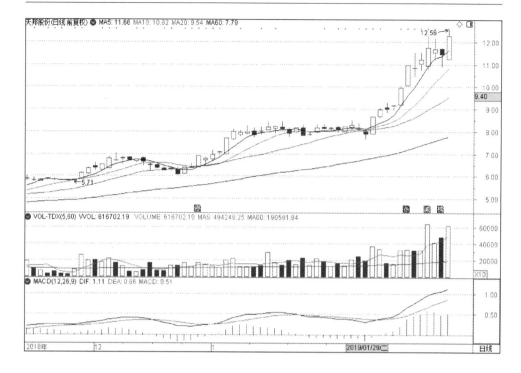

图 30　天邦股份 K 线图

第四节　利好，缩量上涨

通过前面的学习，我们知道最猛烈的上涨，是缩量上涨，用很小的力量，就可以推动很长的距离。然后，才是放量上涨，用很大的力量，去推动距离。

笔者"利好，缩量上涨"的选股条件，其实关键并不在于缩量上涨。关键在于"利好"这两个字。有利好，就有可能成为市场热点，是资金关注的对象，就有可能持续上涨。

所以，有时候消息面比技术面更为重要。

2019 年 2 月 1 日使用"利好，缩量上涨"这个条件，在同花顺问财选股中，选到招商银行（600036）这只股票。

如图 31 所示，招商银行的 K 线图，目前符合阶段狼牙量、均线多头并列、底部成交量放大三个条件。

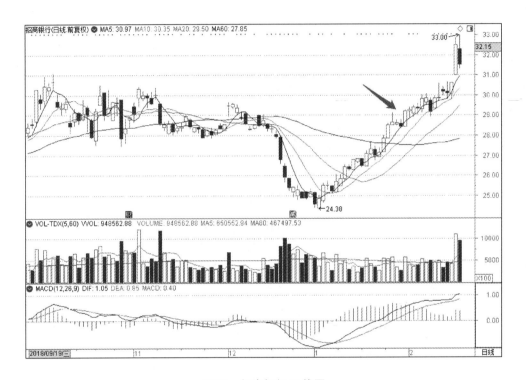

图 31　招商银行 K 线图

由于盘子比较大，换手率低，筹码转化很慢，它并没有形成底部筹码峰，也并没有形成底部背离结构，但并不妨碍它进行一个阶段的上涨。

重点还是在于"利好"。

2019 年春节后，股市开始回暖，个股都开始普涨。2 月 26 日，以"利好、缩量上涨、涨幅大于 3%"为条件，得到徕木股份、合肥城建、金奥博、山东矿机、岭南股份。

图 32　同花顺问财选股界面

图 33　徕木股份 K 线图

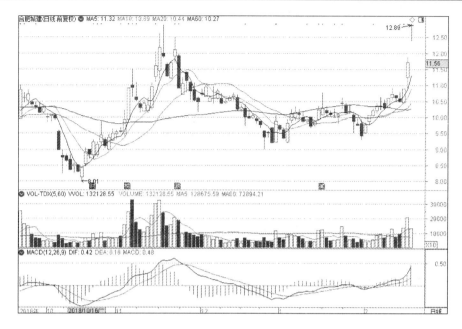

图 34 合肥城建 K 线图

图 35 金奥博 K 线图

图36 山东矿机 K 线图

"利好，缩量上涨"，是一个很好的选股条件。有时能选到很猛烈上涨的个股。像图 37 中的金奥博和山东矿机，都在当日直接涨停。

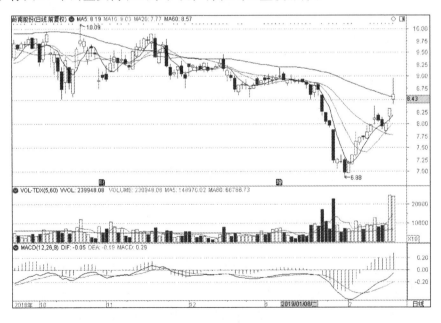

图37 岭南股份 K 线图

从第一章到第六章，我们学习的都是技术方法。实际上，股市的大周期是符合国家政策和经济周期的。所以，我们需要学习第七章的内容，了解经济周期对股市大周期的影响。

第七章　简单易行的长线盈利方法

买股票，辨别牛市和熊市是非常重要的。牛市中，可以长线持股，熊市中，应尽量卖出股票，保持空仓。

笔者最擅长的是，判断 A 股的大顶和大底。经历三轮的 A 股牛熊，预判的水平是越来越精进，已被朋友们称作"神人"。

笔者保持着，能够精准判断历史大顶误差不超过一天的战绩。2015 年那次判断历史大底，提前了三天。当然，那三天是三个跌停，损失惨重。

笔者判断历史的大顶和大底，主要是依靠技术分析，配合少量的经济分析。

现在，我们来了解一下，应该如何判断牛熊。

本章之前的部分，都是在说个股的技术分析。但是，整个股市环境的周期，并不是完全由技术面决定的。实际上，是由国家经济环境和政策导向所决定的。

所以，股市的牛熊大周期，其实是经济宽松和紧缩的大周期。

周小川有一个著名的池子理论。央行可以适当地放水，让资金从央行流出。但是，流出的资金，需要进行导向。一部分的资金，要进入几个池子，把资金蓄起来，不能让资金全部流向民生市场，以避免与百姓生活相关的民生物资价格快速上涨。

这个流出资金的导向，首选是楼市。因为，楼市中房地产价格的上涨，不会影响到大多数人的日常生活。

假设，柴米油盐这样的民生物资价格快速上涨，那么，很多工薪阶层的人群生活就会更加困难。而房地产不是生活必需品，房地产价格上涨不会导致很多人生活困难。所以，房地产是圈住资金的首选池子。

流出资金的池子，第二个就是股市。股市可以圈住很多钱。

假设，一只股票的价格是 10 元，市场中流通股是 1 亿元。那么，它圈住的钱是 10 亿元。如果，价格上涨到 11 元，它圈住的钱就是 11 亿元。所以，股票价格的上涨，必须有真正的资金流入。流入就是上涨，流出就是下跌。

整个股市的大环境，也是如此。在熊市末期，如果没有资金流入，股市就无法进入牛市。而资金的流动方向，是符合经济环境和国家政策的。

这个流出资金的池子，还包括央行存款准备金、外汇管理、地方债券等，这里不再赘述。

在经济学中，M 的意思是 money，M 代表钱。

M0 的意思是：未存放在银行，在市场中流通的货币。M0 是市场通胀和通缩的控制对象，是我们关注的焦点。刚才说的池子理论，也是为了控制流出资金，不要过多地进入 M0。

M1 = M0 + 企事业单位活期存款。

M2 = M1 + 居民活期存款 + 企事业单位定期存款。

M0 和 M1，都是在市场中流动的。M0 是民间流动资金，M1 包括了企业的流动资金。

有人称 M1 为周期之王。M1 的高低代表着居民和企业资金的松紧变化，数值高，现实购买力（消费能力）强；数值低，现实购买力（消费能力）低，是经济周期波动的先行指标，流动性仅次于 M0。

M1 增加，投资者信心增强，经济活跃度提高，股市和房地产市场上涨；反之，M1 减少，股市和房地产市场下跌，因此，M1 对于股市和房地产市场具有经济"晴雨表"功能，并对货币变化具有放大效应。

前面说到，股市需要有资金流入，股票价格才会上涨。那么，看股票价格会不会持续上涨，就要看还能不能有资金持续流入。

$M2 = M1 + M0$。M1 是进入股市的主要资金力量。假设，市场上的资金在一定的时间范围内保持不变。当 M1 持续变多的时候，M2 的总量维持不变，也就是定期存款减少了。转化为活期存款的部分，其中一部分会流入股市。

股市中，有一个著名的"M1 - M2 剪刀差理论"。该理论显示，当 M1 增加速度过快的时候，股市上涨。但是，在 M2 不变的情况下，M1 不能够提供后续力量，也就是没有后续资金持续进入股市。股市将维持高位或下跌，也就是大顶到了。

又回到上面所说的，即股票价格的上涨，需要持续的资金流入，没有资金流入，就无法维持上涨，这也符合《易经》中"亢龙有悔"的卦意。

M1 和 M2 的数据，读者可以在"投资导航"网站和"东方财富网"查询。

截至 2019 年 1 月，M1 的同比增速为 1.5%，达到近 20 年来的最低。

最近，国家也出台了很多经济政策。例如，扶持小微企业、扶持科创型企业、各种减税政策。相信通过各种政策导向，国家经济能够有所恢复，股市也将逐步转暖。

投资导航网站查询的网址是：http：//value500.com/M1.asp。

从图 2 中可以看出，2019 年 1 月 M1 和 M2 都处于历史低位。相信，国家会有政策导向。

大周期长线持股，是可以稳定盈利的。我们可以通过前面几章节的学习，去利用指数判断最大的底部和最大的顶部。

一、M1 M2同比增速、M1-M2 速差与上证综合指数走势图 631

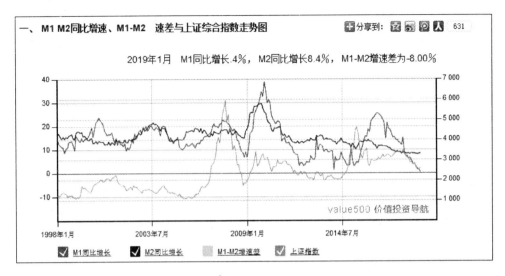

图 1 M1 – M2 增速差与上证综合指数走势

图 2 M1 – M2 增速差与大盘指数同比涨幅走势

买在底，卖在顶，长期持有。这样操作，没有失败的道理。

符合经济周期，抓住大的牛熊。然后，再通过技术分析去选股票。这样，才能提高成功的概率。

　　了解了宏观经济，再从技术分析的角度看，如果 2019 年 2 月的指数能够走好，沪指的月线 K 线图，就可以开始突破低点的压制线。

图 3　上证指数月 K 线图

　　再看看上证指数日 K 线图。从日线来看，沪指有轻微的背离，但是，并不明显，目前还不能确定底部的形成。

　　从技术上，现在还看不出股市是否在筑底。总体上，目前的股市环境确实是处于一个低位。

　　书稿写到这里，时间是 2019 年 2 月 1 日。后续应编辑要求，又对稿件进行了一些补充。此时，2 月的月线图形已经快要完成。

　　2019 年春节过后，指数和个股都大幅上涨。上证指数月线图也收出一个长阳，完全处于突破形态。

图4　上证指数日K线图

从日线上看，指数已经拉升到很高的高度。在底部，有背离、有放量、有狼牙量、突破60日均线、形成多头并列，已经符合很多特征。

但是，以笔者个人的观点，仍然保持谨慎的态度，并不能确认一定是牛市的到来。

特别是近期指数有些过度放量。或许，短期内会有所回调。

图5　上证指数日线图

前一章我们说到，买股票需要先观察经济周期，了解目前所处的宏观经济环境，查看和确定股市是牛市还是熊市，然后根据技术分析去选择股票和确定买入的时机。

如果按照上述方法去做，成功的概率是很高的，不应该存在亏损的状况。

那么，如果觉得这样太麻烦，不想去学习那么多技术知识，还可以选择大周期定投的方法，也可以获得一定的收益。

大周期定投，可以定投基金，也可以定投股票。

定投，可以抛弃经济周期，抛弃牛熊周期。只要坚定持有，坚信国家的经济是持续发展的，从长期看都可以获得稳定的收益。

定投，实际上是一种平均。排除战争、经济大崩溃这样的特殊情况，定投还是一种简单易行的盈利方法。

定投被称为"懒人投资大法"。普通小散最大的困难，在于无法清晰判断未来的大趋势。所以，从统计学的角度，定投能够很好地帮助投资者摊薄成本。

既然判断不了市场处于底部还是顶部，那就老老实实定投吧，用定投来化解风险。

牛市的时候，市场中总是会有很多小散创造奇迹的传闻。例如，笔者以前就听说一个扫地大妈，坚持定投宇通客车（600066）的奇迹。

A股中，有一部分股票被称为现金奶牛。它们很少进行再融资，却坚持持续分红。根据雪球网的统计，江铃汽车、五粮液、贵州茅台、双汇发展、张裕、泸州老窖、白云机场、山西汾酒、广州友谊、雅戈尔，这几只股票都是优秀的现金奶牛。

根据凤凰财经网站的统计，一些股票的股息率在8%～24%。股息率，是一年的总派息额与当时市价的比例。

那么，这些股票都是很好的定投对象。

如果选择定投基金，那么，可以选择的项目就更多了。

市场中的基金按照投资对象分类，大体上有：股票型基金、货币型基金、债券型基金、混合型基金。

股票型基金是区分牛熊的，根据经济周期和股票周期的波动进行投资，盲目投资有可能造成亏损。

货币型基金大多是保本的。例如，银行短期理财、余额宝等，都是货币型基金。

债券型基金也是存在风险的。债券市场的波动也不小。

如果看不清牛熊，定投股票型基金也是可以的。确定开始定投以后，贵在坚持。如果定投后价格下跌，可以摊薄成本。如果定投后价格上涨，坚持追加投资就好。长期坚持，获得的收益远比单独持有一只股票要强。

如果能看清牛熊，在熊市中不持有，在牛市中选择持有分级基金，也是很好的选择。分级基金带有杠杆倍数。上涨的时候，比一些股票还要快，可以获得不错的收益。

天天基金网有各基金历史排名的功能。牛市的时候，激进型的基金排名靠前。熊市的时候，只有货币基金和债券基金排名靠前。

读者可以自行去网站上了解查询。可以考虑选择一些历史表现优秀的基金进行定投。要注意分散投资，不要把所有的钱都投入到一只基金上。这样长期坚持，也可以获得不错的收益。

后　记

本书写于 2018 年 12 月至 2019 年 2 月。书中所展示的例子，大多也来自这个时间段。

本书讲述了小散做股票所需要理清的思路：

（1）分辨牛市和熊市；

（2）选股；

（3）分辨股票走势下一阶段的多空力量；

（4）选择时机买入股票；

（5）应用技术分析，在合适的时机卖出股票。

本书的第一章到第四章，都是基础知识。就好比武学的入门功夫。熟练掌握这些知识，才能灵活应用后续章节的方法，提高准确性。

第五章，介绍的是如何选股，如何分辨多空力量，确定买入的时机和卖出的时机。

第六章，介绍的是一些短线的选股方法。有时可以选到连续涨停的股票，给读者一些意外的惊喜。

第七章，介绍的是宏观经济的长线方法，如何分辨牛市和熊市。

希望各位读者读完本书，能有一点儿收获。将本书的知识融会贯通，今后不再盲目投资，不再无谓地损失金钱。希望各位小散，能够系统地了解买股票应该要明白什么，应该要看什么。

祝大家 2019 年财源广进。